新时代高质量发展丛书

中国新型城镇化
包容性发展研究

杨飞虎　王晓艺◎著

RESEARCH ON THE INCLUSIVE DEVELOPMENT OF
NEW URBANIZATION IN CHINA

本书是国家自然科学基金项目"新型城镇化建设中公共投资效率评估及效率提升机制研究"（71764010）阶段性成果

经济管理出版社
ECONOMY & MANAGEMENT PUBLISHING HOUSE

图书在版编目（CIP）数据

中国新型城镇化包容性发展研究/杨飞虎，王晓艺著．—北京：经济管理出版社，2022.9
ISBN 978-7-5096-8739-0

Ⅰ.①中…　Ⅱ.①杨…②王…　Ⅲ.①城市化—发展—研究—中国　Ⅳ.①F299.21

中国版本图书馆 CIP 数据核字（2022）第 175924 号

组稿编辑：王光艳
责任编辑：魏晨红
责任印制：黄章平
责任校对：曹　魏

出版发行：经济管理出版社
　　　　　（北京市海淀区北蜂窝 8 号中雅大厦 A 座 11 层　100038）
网　　址：www. E-mp. com. cn
电　　话：（010）51915602
印　　刷：北京市海淀区唐家岭福利印刷厂
经　　销：新华书店
开　　本：720mm×1000mm/16
印　　张：10. 75
字　　数：201 千字
版　　次：2022 年 9 月第 1 版　　2022 年 9 月第 1 次印刷
书　　号：ISBN 978-7-5096-8739-0
定　　价：68. 00 元

前　言

新型城镇化包容性发展是我国新型城镇化发展的重要方向，2014 年出台的《国家新型城镇化规划（2014—2020 年）》为我国指明了高效、包容、可持续的新型城镇化路径和方向。在此背景下，对新型城镇化包容性发展进行系统研究具有较强的现实意义和应用价值。本书系统探究了我国新型城镇化包容性发展的现状、水平评价体系、时空特征、动力机制等内容，希望能够为推动新型城镇化包容性发展提供理论借鉴。

随着我国城镇化进程的推进，城镇人口不断增加、经济发展水平稳步提升、基础设施建设逐渐完善，但也出现了区域发展失衡、资源分配不均衡等非包容性问题，对我国新型城镇化包容性发展水平进行综合评价具有现实意义和必要性。本书通过对我国新型城镇化包容性发展水平评价的现状进行多维度分析发现，当前新型城镇化包容性发展水平评价体系的构建、评价方法的选择尚处于摸索阶段。本书将基于新型城镇化的丰富内涵和新型城镇化包容性发展水平评价的目标，参考既有文献中相关评价指标体系的构建思想，遵循客观性和可行性原则、层次性和可操作性原则、动态性和可比性原则、综合性和系统性原则、体现"以人为本"的可持续发展原则、城乡融合发展原则、时代性原则、创新性地从人口、经济、社会、城乡、生态五个维度选取指标构建新型城镇化包容性发展水平评价体系。本书以 2004~2020 年为研究时间段，对我国30 个省份（不包括港澳台地区，西藏因数据缺失也未纳入研究）的新型城镇化包容性发展水平进行测度，利用核密度估计、马尔可夫链分析方法对测度结果进行区域差异评价、时空演进分析，并引进空间要素利用空间计量模型对新型城镇化包容性发展的动力机制进行探讨。

2020 年 5 月召开的中共中央政治局常务委员会会议提出，要构建国内国际双循环相互促进的新发展格局，2020 年 7 月 30 日召开的中共中央政治局会议指出，以新型城镇化带动投资和消费需求。2020年7月召开的国务院常务会议明确表示，推进以人为核心的新型城镇化，是内需最大潜力所在和"两新一重"建设的重要内容。在此背景下，研究外商直接投资、产业结构升级与新型城镇化包容性发展的关系具有现实意义。鉴于此，本书在双循环格局下，着重探寻外商直接投资、产业结构升级对新型城镇化包容性发展的影响和作用机理。

在探索国内外城镇化发展模式的基础上，总结国内外城镇化发展经验，能够为我国持续健康地推进新型城镇化包容性发展提供有益借鉴。本书运用案例研究法和比较研究法，以国内外成功开展城镇化发展实践的典型城市和地区为代表，对它们的发展模式进行系统分析，总结出了国内外城镇化发展的成功经验。

推动新型城镇化包容性发展是21世纪我国经济发展的重大战略布局。当前我国新型城镇化发展良好，但同时也存在着城镇化综合质量不高、共享发展不及预期、生态环境遭到破坏等不包容问题。本书通过分析国内外城镇化发展模式，建议我国在新型城镇化建设中，建立包含经济、社会、文化、生态四个方面的新型城镇化包容性发展制度，构建市场调配、政府监管、社会参与的多维发展体系，形成包含总体模式、实施模式和保障模式"三位一体"的包容性发展模式，并重点实施城乡融合发展工程、农民市民化工程、城镇化包容性发展水平考评工程，从而有效推进我国新型城镇化高效、包容和可持续发展。

目　录

第一章
绪论

本章主要介绍本书的背景与意义，国内外现有相关文献对此主题的研究，以及本书的主要研究内容、研究方法和创新之处。

第一节　研究背景及意义

一、研究背景

1978 年以来，随着城镇化工作的推进，我国城镇化率从 1978 年的 17.92% 上升到 2021 年的 64.72%，远高于世界同期平均水平。我国城镇化高速发展在推动国民经济快速发展的同时，也诱发了一些不包容的社会现象，如城镇化综合质量不高、共享发展不及预期、生态环境遭到破坏等，这些问题的有效解决有利于推动新型城镇化包容性发展。

2007 年，我国明确提出要走新型城镇化道路；2010 年，国家"十二五"规划进一步指出了中国新型城镇化的发展方向；2014 年 3 月，随着《国家新型城镇化规划（2014—2020 年）》的颁布，新型城镇化从政策理念形成阶段进入政策实施阶段，新型城镇化建设工作得到了全面部署。

包容性发展是亚洲开发银行于 2007 年率先提出的发展理念，就是要以人为本，更加关注人民生活的实质性改善，保证经济的高效稳定发展与资源环境的可持续发展。习近平强调，发展必须是遵循经济规律的科学发展，必须是遵循自然规律的可持续发展，必须是遵循社会规律的包容性发展。五大发展理念与包容性发展理念相通，启示我们要从共享发展理念出发，推动新型城镇化包容性发展。2017 年，党的十九大报告强调区域协调发展，体现了新型城镇化包容性发展的要求。2018 年《政府工作报告》提出加强精细化服务、人性化管理，体现出新型城镇化建设的人本思想。《2019 年新型城镇化建设重点任务》指出，要加快推进城乡融合发展，推动新型城镇化高质量发展。2020 年是《国家新型城镇化规划（2014—2020 年）》的收官之年，"两横三纵"城镇化战略格局初步形成。2021 年 3 月，《中华人民共和国国民经济和社会发展第十四个五年规划和二〇三五年远景目标纲要》进一步强调，要"坚持走中国特色新型城镇化道路，深入推进以人为核心的新型城镇化战略"。在此背景下，对新型城镇化包容性发展水平进行评价，对新型城镇化包容性发展的动力机制进行研析，有利于进一步推动我国新型城镇化高质量发展。

二、研究意义

1. 理论意义

（1）本书探讨了新型城镇化包容性发展的理论内涵，丰富和完善了新型城镇化与包容性发展的理论研究，对促进新型城镇化包容性发展有积极作用。

（2）本书对我国新型城镇化包容性发展水平评价的现状进行了分析，并在此基础上构建了新型城镇化包容性发展水平评价指标体系，测度了我国 30 个省份的新型城镇化包容性发展水平，丰富了新型城镇化包容性发展水平评价的相关研究。

（3）本书探究了新型城镇化包容性发展的驱动因素，探索了外商直接投资通过产业结构升级对新型城镇化包容性发展的作用机制，丰富了新型城镇化包容性发展的动力机制研究。

2. 实践意义

对新型城镇化包容性发展水平进行评价，一方面可以反映政策实施的效果；另一方面可以助推相关政策的完善，进一步推进新型城镇化高质量发展，提升资源要素利用水平。有利于促进新型城镇化包容性发展，对我国经济社会持续健康发展具有指导性意义。新型城镇化包容性发展水平测度评价有利于促进新型城镇化包容性建设工作的开展。研究新型城镇化中包容性发展水平评价问题及驱动因素，为推进新型城镇化高质量发展、提升新型城镇化包容性发展水平提供了重要的政策制定及决策参考。

第二节　国内外文献综述

一、国外研究现状

1. 关于城镇化包容性内涵的研究

关于城镇化包容性，不同学者及国际组织通常利用以下几个维度来界定其内涵：减贫及缩小收入差距（Suryanarayana，2008；McKinley，2010）、经济稳定发展与就业水平提升（Serageldin，2016）、公共服务的普及性（Veneri & Murtin，2016）、城市基础公共设施的可持续性（Bhattacharya et al.，2016）、生态环境改善与发展机会公平（Freire et al.，2016）、移民获得当地的社会福利（Hu & Wang，2019）、城乡发展关注流动人口和弱势群体（Chen et al.，2019）。

2. 关于城镇化包容性发展水平测度的研究

不同时期不同国家采用不同的指标测度城镇化包容性发展水平，或采用单一指标：人口密度（Qadeer，2004）、城镇密度（Watada，2007）；或构建综合指标：包括经济发展、产业结构以及居住质量等多个方面的较为全面和现代的指标体系（Kentor，1981），基于经济因素创新性地综合考虑反映土地利用城乡差异的指标（Nagy & Lockaby，2011）。此外，Paulo（2011）采用 DEA 模型对欧洲 206 个城市的生活质量进行分析；Petrovic 等（2016）对城镇化和环境质量进行了评价。

3. 关于城镇化包容性发展动力机制的研究

部分学者认为，城镇化发展与地区经济增长的线性关系体现了城镇发展的经济动力理论（Northam，1975）；促进人口流动、城乡就业均衡发展的城市化政策推动了大城镇的形成（Michael et al.，2000）。还有一些学者认为，从包容性发展视角进行城市发展规划布局（Hansen et al.，2011）有利于推动城市化包容性发展（Malhotra，2010）。此外，失业问题（Uzonwanne et al.，2015）、碳排放（Shahbaz et al.，2016）、农业生产（Gücker et al.，2016）等宏观经济变量也对城镇化具有影响。

4. 关于城市包容性发展政策机制的研究

Berdegué 等（2015）认为，减少贫困及缩小收入差距等政策的实施有利于推动城市向农村地区外扩以及中小城市的发展。Freire 等（2016）认为，为促进发展中国家的城市包容性发展，应当解决城乡收入差距大、生态环境污染以及发展机会不公平等问题。Serageldin（2016）认为，完善公共服务、加快基础设施建设以及满足人们对住房的需求有利于城市包容性发展。Mallach（2017）认为，在增强城市包容性的过程中，政府需要在财政支持方面发挥重要作用。Trullen 和 Galletto（2018）认为，制定城市包容性增长的经济战略，有可能同时实现经济的增长和收入分配的改善。Malhotra（2010）认为，要推进城市的健康可持续发展，应该将"包容性理念"的核心引申到城市规划布局中。

二、国内研究现状

1. 关于新型城镇化包容性发展的背景研究

包容性发展致力于实现发展成果全体共享、发展机会公平获取（荼世凯，2012）。随着时代的发展进步，包容性发展成为未来城镇化发展的必然选择（何景熙，2011；陈君武，2011）。国外的实践经验，启示我国新型城镇化应该选择包容性发展道路（陈丽华和张卫国，2015）。提升城市包容性是提高城市竞争力水平、加快城市高质量发展的重要环节（刘秉镰和朱俊丰，2019）。

2. 关于新型城镇化包容性发展水平评价体系的研究

关国才和佟光霁（2015）基于新型城镇化包容性发展的内涵构建了综合评价指标体系，全面反映了我国新型城镇化包容性发展的程度。马远（2016）基于包容性发展的视角，从公共服务、城乡协调和城市包容等 7 个方面构建了城镇化质量测度指标体系。刘耀彬（2016）从 8 个维度，选取 20 个具体指标，建立了新型城镇化包容性发展指标体系，并利用熵权法对我国新型城镇化包容性发展水平进行评价。田逸飘等（2017）从集约化、均等化、可持续发展三大系统出发，构建了指标体系衡量我国新型城镇化包容性发展水平。李辉和洪扬（2018）基于城市群包容性发展的内涵，从发展机会公平、发展过程协同以及发展成果共享 3 个维度出发，将城市群包容性发展水平的测评体系细化为 28 个测度指标。于伟和赵林（2018）在中国城镇化发展的战略转型期，从发展机会、发展内容、发展成果三个方面分析了城镇化包容性发展的内涵，并构建了城镇化包容性发展水平的测评体系。洪扬等（2021）基于选择机会公平、空间协同、成果共享 3 个维度的 28 个指标，构建了我国城市群包容性发展的评价指标体系。

3. 关于新型城镇化包容性发展水平评价的实证研究

刘耀彬和涂红（2015）利用结构性方程研究新型城镇化包容性发展的影响因素，为区域发展提供参考。马远（2016）基于包容性发展的视角，构建了城镇化质量测度体系，采用熵权法确定各指标的权重进而合成城镇化质量综合指数，采用系统耦合模型进行分析。刘耀彬和封亦代（2016）使用巴斯扩散模型预测我国东部、中部、西部和东北部四大区域新型城镇化包容性发展的态势。于伟和赵林（2018）采用熵权法进行指标客观赋权，结合 GIS 技术和协调度模型刻画城镇化质量和资源利用的协调性。晏朝飞和杨飞虎（2018）采用空间计量模型研究生产性、社会性、环保性三类公共投资对城镇化包容性发展的影响。

4. 关于提升新型城镇化包容性发展水平的路径设计研究

王莉荣（2013）认为，应立足于资源环境的承载能力，改善收入分配政策，缩小收入分配差距；促进城乡基本公共服务均等化，以加快城镇化进程，推进包容性增长。李博和左停（2016）基于实地调研，提出城镇化进程应以人为本并进一步考虑农民、农业与农村三农问题，积极探究城镇化包容性发展路径。王振坡和张安琪（2018）在借鉴典型发达国家城市更新经验的基础上，提出了包容性城市发展更新的三种模式。张明斗和王雅莉（2016）从发展主体、内容、过程、成效四个方面入手，提出了新型城镇化包容性发展优化路径。赵磊和方成（2019）认为，我国应充分尊重省级个体差异，因地制宜、因势利导地促进新型城镇化包容性发展。杨飞虎和王晓艺（2020）指出，我国应形成"三位一体"的包容性发展创新模式，进而促进新型城镇化包容性发展的质量提高。

5. 关于新型城镇化包容性发展的政策制度研究

刘洋（2013）就有效消除城市化进程中的不包容因素从基本内核、要义、依托和保障四个层面提出了战略选择。张明斗（2015）指出，农民工市民化对于推进新型城镇化包容性发展具有重要作用。刘耀彬（2016）在系统研究我国新型城镇化包容性发展道路的基础上提出了促进新型城镇化包容性发展的政策建议。丛茂昆和张明斗（2016）基于内生型城镇化发展模式认为，我国要强化新型城镇化包容性发展力度，并据此提出了包容性发展策略。曾智洪（2017）认为，我国应建立以包容性制度创新为导向的新型城镇化制度体系，推动新型城镇化合理有序、科学理性发展。罗燕等（2018）在包容性价值观视角下，从制度、管理、编制、教育等层面对我国未来的城市规划提出了建议。张艺等（2019）从财政、金融支持新型城镇化发展的角度探究了促进新型城镇化包容性发展的策略。黄建欣等（2019）基于国际优秀案例，编制出了一套适合我国的包容性城市规划方案。

三、现有研究评述

国外的城市化研究起源早、成果丰硕，近年来，学者们开始实证探究城市包容性发展的动力、政策机制。国内的城镇化研究起步较晚，但是发展速度较快，尤其是进入 21 世纪以来，新型城镇化成为学术界研究的热点，城镇化及新型城镇化理论研究取得了丰硕成果。尽管当前学者们对新型城镇化包容性发展进行了较为全面的研究，但仍存在一些问题有待改进。目前，大部分对新型城镇化包容性发展的研究都缺乏理论基础支撑，因此构建理论框架成为下一步研究的重点；关于新型城镇化包容性发展水平的测度远未形成统一的指标体系和评价方法，并且当前多数研究仅停留在指标体系的构建上，较少涉及数据分析和实证支持，也没有将外商直接投资、产业结构升级、新型城镇化包容性发展纳入一个框架中进行分析。因此，探索新型城镇化包容性发展的理论框架，分析新型城镇化包容性发展水平评价的现状，并在此基础上构建新型城镇化包容性发展水平综合评价指标体系，从实证角度进行分析和评估，既有助于进一步提高新型城镇化包容性发展水平，也会推进评价指标体系的相关研究，而将理论与实证相结合分析新型城镇化包容性发展的动力机制，可为完善新型城镇化包容性发展的政策提供依据。

第三节　研究内容与研究方法

一、研究内容

基于对以往文献的梳理和本书的研究主题，本书分八部分展开分析。

第一部分是绪论。本部分包括研究背景及意义、国内外文献综述、研究内容与研究方法以及创新之处等。

第二部分是理论基础与方法论。首先，探究城镇化、新型城镇化、包容性发展、新型城镇化包容性发展、新型城镇化包容性发展水平评价、公共投资、外商直接投资、产业结构升级等概念的内涵。其次，阐述新型城镇化包容性发展的理论基础，即城镇化相关理论，包括田园城市理论，共生理论，马克思、恩格斯的城乡融合理论；公共投资相关理论，包括外部性理论、凯恩斯乘数理论、生产效应、内生增长理论；外商直接投资理论，包括垄断优势理论、产品生命周期理论、内部化理论、国际生产折衷理论。最后，说明本书用到的研究方法：熵权法、综合评价模型、时空分析方法、空间计量分析方法、中介效应分析方法。

第三部分是我国新型城镇化包容性发展及其水平评价的现状和问题。我国城镇化进程的推进，推动了经济的发展、城镇基础设施的建设，但同时也出现了一些非包容性问题，分析我国城镇化的概况，并对我国新型城镇化包容性发展的水平进行评价具有较大的价值。本书通过探讨我国新型城镇化包容性发展水平评价的现状发现，评价对象和评估主体不明确、评价指标体系的操作性和实用性不强、评价方法单一、评价规范不明确等问题有待进一步改进。

第四部分是新型城镇化包容性发展水平评价体系的构建。本部分基于新型城镇化包容性发展的目标，根据综合性、科学性、可比性以及可操作性原则，从人口、经济、社会、城乡、生态五个维度出发选取 39 个指标构建了综合评价体系，并解释了指标来源。

第五部分是新型城镇化包容性发展水平测度及动力机制分析。本部分主要从两方面进行探讨：一方面利用核密度估计、马尔可夫链分析法对从时空差异角度得到的新型城镇化包容性发展水平评价结果进行时空综合分析；另一方面利用探索性空间分析方法明确新型城镇化包容性发展水平存在空间效应，并基于空间计量模型探讨各驱动因素对于新型城镇化包容性发展水平的影响。

第六部分是外商直接投资、产业结构升级与新型城镇化包容性发展。本部分基于中国 30 个省份 2004~2020 年的面板数据，通过空间效应分解模型及中介效应检验模型对外商直接投资、产业结构升级与新型城镇化包容性发展的关系进行探究，实证分析外商直接投资通过产业结构升级影响新型城镇化包容性发展的作用。

第七部分是国内外推进城镇化包容性发展的典型模式和经验借鉴。该部分主要运用案例研究法和比较研究法，以国内外成功进行城镇化发展实践的典型城市和地区为代表，对它们的发展模式进行系统分析，总结出国内外城镇化发展的成功经验、普遍做法，进而进一步探讨其对当代中国新型城镇化包容性发展的现实启示，这对于推进我国城镇化更好、更快发展具有十分重要的借鉴意义。

第八部分是我国新型城镇化包容性发展制度创新、模式选择与保障措施。当前我国新型城镇化发展迅速，但也暴露出一些问题，建议建立包含经济、社会、文化、生态四个方面的包容性发展制度，并构建市场调配、政府监管、社会参与的多维发展体系，形成包含总体模式、实施模式和保障模式"三位一体"的包容性发展模式，并重点实施城乡融合发展工程、农民市民化工程、城镇化包容性发展水平考评工程，有效提高我国新型城镇化包容性发展的质量水平。

本书的逻辑思路如图 1-1 所示。

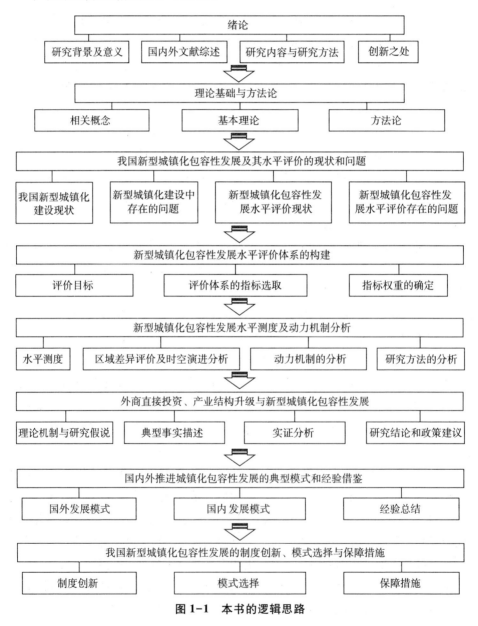

图 1-1　本书的逻辑思路

二、研究方法

1. 规范分析法

本书分别对国内外学者在新型城镇化、城镇化和包容性发展方面的研究文献进行梳理，在已有研究的基础上，分析包容性发展和新型城镇化的相关理论，对新型城镇化包容性发展及其水平评价进行定义，并构建新型城镇化包容性发展水平综合评价体系。

2. 定性与定量相结合

本书在探究外商直接投资、产业结构升级、新型城镇化包容性发展的关系时，先定性分析三者的作用机理，然后利用空间计量模型进行实证分析，获得了量化分析结果。

3. 理论研究与实证检验相结合

本书从理论出发，在已有研究成果的基础上，总结并吸收外商直接投资和新型城镇化的相关理论，然后采用较为前沿的研究方法和计量模型探讨了新型城镇化包容性发展的影响因素及作用机制，以期获得更具参考价值的实证结果，从而提出具有可行性的政策建议。

第四节　创新之处

本书的创新之处主要有以下三个方面：

第一，研究视角的创新。

新型城镇化包容性发展作为一种新的命题，目前与之相关的研究著作和期刊论文都较少，大多数研究或是从新型城镇化命题出发，或是从包容性发展命题出发，对两者进行交叉研究的学者并不多见。本书从新型城镇化包容性发展视角出发，在探索学源基础、完善理论分析框架的基础上，再进行实证分析，可使分析结果更具说服力。

第二，研究方法的创新。

本书结合不同学科的研究工具及研究方法进行创新性研究：综合国民经济学、公共经济学、区域经济学、统计学、空间计量经济学等学科的研究方法，结合空间计量模型、中介效应模型、熵权法、综合评价模型等较前沿的实证分析方法，力求创新性地对我国新型城镇化包容性发展水平进行测度，并对其动力机制进行分析。

第三，政策创新。

本书通过分析我国新型城镇化发展现状，探讨我国新型城镇化包容性发展存在的问题，创新性地提出我国应进一步完善包括经济制度、社会制度、文化制度和生态制度在内的制度体系，并在此基础上采取包含市场调配、政府监管和社会参与的多维发展模式，同时构建多角度、复合型的有序发展模式和权责明确的保障模式，通过创新性政策设计推动未来的城镇化进程取得新突破。

第一章

理论基础与方法论

第一节　相关概念

一、新型城镇化包容性发展

1. 不同学科对城镇化内涵界定的侧重

国内学者对 Urbanization 一词的理解存在广义与狭义之分，遂有"城镇化"和"城市化"两种译法。本书认为，从一般意义上来看，两者在本质上没有太大的差别。城镇化发展是一项系统性工程，涉及经济学、社会学、地理学等方面，而不同学科对其定义的侧重点不同。就各学科对城镇化内涵的界定来看，人口学侧重的是人口的转移与集中，经济学侧重的是城乡经济形态的转化，社会学侧重的是生活方式的变迁，地理学侧重的是各要素的空间转移和集聚（见表 2-1），各个学科的相关研究也均从单一方面出发，未能全面地反映城镇化。城镇化是农村人口向城镇集聚、农业用地向城镇用地转化、农村生活方式向城镇生活方式转变的过程，在这个过程中城镇人口不断增加、城镇空间不断外扩、城市数量不断增加、城市文明不断向乡村扩大。

2. 新型城镇化

新型城镇化的概念是基于中国独特的国情提出的，学术界对新型城镇化进行了深入与广泛的探析，呈现多样化特征，代表性观点如表 2-2 所示。

表 2-1　不同学科对城镇化内涵界定的侧重

学科	侧重点
人口学	人口的转移与集中
经济学	城乡经济形态的转化
社会学	生活方式的变迁
地理学	各要素的空间转移和集聚

表 2-2　不同学者对新型城镇化的理解

作者	年份	代表性观点
牛文元	2012	新型城镇化以农民和城镇居民生活质量提升并重，强调集约化和生态化发展模式，通过城乡有机协调、和谐发展达到城乡一体化
单卓然和黄亚平	2013	新型城镇化是一条科学发展、集约高效、功能完善、环境友好、大中小城市和小城镇协调发展的城镇化道路
胡必亮	2013	新型城镇化道路的推进，要从自然资源、经济增长、生态环境、社会发展、空间结构和城市创新等系统出发，追求多领域共同创新发展
谢天成施祖麟	2015	新型城镇化同步于工业、农业现代化，城镇产业集聚的同时产业结构优化，人口集聚的同时共享公共服务
宋连胜金月华	2016	新型城镇化是全面的、具体的，包含着人为建构的过程，蕴含着主体人的自主选择、路径选择与秩序重构
Chen 等	2019	新型城镇化是从"人口城市化"到"人的城市化"的转变，从结构主义到人本主义的相应转变

新型城镇化主要表现为城镇人口质与量的提升、产业结构升级、居民生活水平提高、农村发展与城市化推进相统一、城乡文化和生活方式的相互传播与融合。本书将新型城镇化定义为以促进人的全面发展为根本，以追求人口、经济、社会、资源、环境协同发展为目标，以区域统筹、集约高效、社会和谐、环境友好、制度改革为主要内容的城镇化过程。

3. 包容性发展

包容性发展与包容性增长具有研究的同源性，但两者在内容上存在明显的差别（见表 2-3）。

表 2-3 包容性增长与包容性发展的内容差异

项目	包容性增长	包容性发展
维度	一维度衡量	多维度衡量
衡量指标	经济增长，可用人均收入增长率来度量	包括经济增长、生产结构优化、人口集聚和空间分布及教育、医疗条件改善的社会指标等
关注重点	关注经济社会发展过程的参与性及经济增长成果的共享性	强调经济、社会、政治和文化的全面发展，不仅包括经济收入，还包括政治参与、公共服务等

从包容性增长到包容性发展的演变，实际上是内容和含义不断拓展和深化的过程（高传胜，2012）。本书将包容性发展定义为以全民参与经济发展为基础，以公平公正获得发展机会为核心，以实现成果共享、可持续发展为目标的经济发展方式。

4. 新型城镇化包容性发展

现有学者多将新型城镇化包容性发展表述为"包容性城镇化"或"城市（城镇）化包容性发展"，且未明确区分两者之间的概念差异与逻辑侧重点，所以不同学者对新型城镇化包容性发展内涵的理解也有所不同（见表 2-4）。

表 2-4 不同学者对新型城镇化包容性发展内涵的理解

作者	年份	见解
陈秋玲等	2012	城市包容性发展遵循城乡耦合、社会整合、产城融合、公共服务均等化等原则，形成城乡一体化格局
张明斗和王雅莉	2012	新型城镇化包容性发展主体全民、内容全面、过程公平、成效共享
周阳敏	2013	包容性城镇化以实现包容性增长为目标，坚持从包容性视角出发制定制度框架，并采取措施促进城市间、城乡间生态协调发展的过程
刘耀彬和封亦代	2016	新型城镇化包容性发展注重"人的城市化"，是城市化经济、社会、生态、人居等系统良性运行的动态过程
于伟等	2018	城镇化包容性发展的本质包括发展起点各个主体机会均等，发展过程中经济社会、资源环境平衡协调，发展目的是达到城乡共享成果

包容性发展作为我国城镇化发展的新选择，是我国在反思城镇化传统发展模式出现的非包容性问题的基础上提出的，目标是实现城镇化由简单的人地扩张向综合质量提升的转型。因此，本书将新型城镇化包容性发展定义为所有社

会成员均能够公平公正地参与新型城镇化建设，发展成果惠及所有人，最终实现人口、经济、社会、城乡、生态全方位多领域协调可持续发展。人口包容性发展是本质要求、经济包容性发展是核心关键、社会包容性发展是基本保障、城乡包容性发展是重要目标、生态包容性发展是约束条件。

5. 新型城镇化包容性发展水平评价

所谓评价，是指为达到一定目的，运用特定的指标，基于相关标准，遵循规定程序对一个组织或个人所处的水平进行计量分析的过程。新型城镇化包容性发展水平评价并不单单衡量城镇化人口的增长这一指标，而是整体评价新型城镇化建设的成果，具体来说是通过构建新型城镇化包容性发展水平的综合评价体系，科学选择测度方法，定性评价新型城镇化的发展质量并定量监控其发展成效。新型城镇化包容性发展体现在城镇综合实力的提升，生活环境的改善和公共服务、基础设施的完善等方面，提升新型城镇化包容性发展水平的最终目的是缩小城乡差距，实现城乡融合发展，真正实现"人的城市化"。

二、公共投资

一直以来，公共投资都没形成统一的定义，学者们对公共投资的界定经历了一个不断发展的过程，不同的经济学理论和流派对公共投资的定义不同，这就使公共投资经济效应的实证研究存在较大差异。本书将总结现有文献关于公共投资的定义与统计方法，进而确定本书对公共投资的定义与统计口径。

1. 国外学者对公共投资的界定

Wagner（1883）较早就提出了公共投资的概念，认为基本公共服务是政府财政支出的重要组成部分。Trish（1997）指出，公共投资主要是指在基础设施建设及维护领域的投入，包括交通运输、信息通信、水源供给及相关服务设施等方面的投资。Gonzalez-Paramo 和 Martinez（2003）认为，公共投资主要包括生产性投资和非生产性投资，生产性投资包括城市建筑、道路、桥梁和港口等投资，而非生产性投资包括教育及社会福利投资等。Holtz-Eakin（1994）根据用途将公共投资划分为教育投资、道路桥梁投资、污水处理投资、公共事业及服务投资四类。Shioji（2001）基于日本的公共投资构成情况，将公共投资划分为教育事业类、基础设施类、国土保护类和农牧渔业类。Pereira（2001）按照投资的性质把公共投资分为基础设施类和服务类。基础设施类投资主要包括供水、运输、道路桥梁和公益性建筑物等方面的投资，服务类投资包括社会组织等方面的投资。

2. 国内学者对公共投资的界定

周敏倩（1996）从西方经济学理论的视角，结合我国国情指出，公共投资包括财政经营投资和财政公共投资。孔华生（2001）将公共投资分为经济性公共投资和社会性公共投资，其中经济性公共投资指的是为居民所用及利于生产的投资，社会性公共投资指的是除经济性公共投资之外的其他领域的公共投资。丁肇勇（2004）认为，我国的公共投资包括永久性重大公共工程和国土整治、公共性基础设施、城市公共基础设施投资三类。张许颖（2007）将公共投资区分为中央政府公共投资及地方政府公共投资。万道琴和杨飞虎（2011）将我国政府及相关公共企业对公共部门所进行的固定资产投资界定为公共投资。主要包括：电力、燃气及水的生产和供应业投资，交通运输、仓储和邮政业投资，科学研究、技术服务和地质勘查业投资，水利、环境和公共设施管理业投资，居民服务和其他服务业投资，教育，卫生、社会保障和社会福利业投资，文化、体育和娱乐业，公共管理和社会组织投资等。曾平（2016）认为，公共投资是政府主导并满足社会需要的公共产品和服务投资，分为三大类：一是公共基础建设投资；二是教育和科学教育研究投资；三是社会福利和公共管理类投资。

本书综合以上学者的研究，采用万道琴和杨飞虎（2011）界定公共投资的方法，将上述九个部门的全社会固定资产投资分为经济性公共投资和社会性公共投资，其中经济性公共投资包括电力、燃气及水的生产和供应业投资，交通运输、仓储和邮政业投资，科学研究、技术服务和地质勘探业投资，水利、环境和公共设施管理业投资，这类公共投资能够转化为固定资产，对经济发展发挥基础性作用；社会性公共投资主要包括居民服务和其他服务业投资，教育投资，卫生、社会保障和社会福利业投资，文化、体育和娱乐业投资，公共管理和社会组织投资等。

三、外商直接投资

外商直接投资（Foreign Direct Investment，FDI）又称国际直接投资、外国直接投资、对外直接投资，最初表现为商品在国际间流动，随后是货币在国际间流动，之后又发展到生产资本在国际间流动，最后形成了如今的外商直接投资。

经济合作与发展组织（Organization for Economic Co-operation and Development，OECD）指出，FDI是指一个国家（或地区）的居民和实体为获取持久

利益而与本国之外的企业建立长期关系，并且对其进行控制的投资活动。其认为 FDI 的产生是一定投资行为所带来的必然结果，一个国家为建立长期战略关系而向另外的国家进行投资，FDI 便随之产生。此外，OECD 对 FDI 的定义强调了关系的长期性及投资方的控制权，但这一控制权并没有绝对性，这些特性的存在使 FDI 不同于其他国际要素流动，FDI 不仅可以实现资源的空间转移，还实现了技术、管理、文化等要素的转移。国际货币基金组织（International Monetary Fund，IMF）认为，FDI 是指一经济体（母国）投资者在另一经济体（东道国）以获得长期利益以及对所投资企业的实际控制权为目的而进行的国际投资。OECD 和 IMF 都立足于持久利益和控制权来定义 FDI，这体现出 FDI 并不是简单的资本转移。

外商直接投资是指外国企业和经济组织或个人（包括华侨、港澳台同胞以及中国在境外注册的企业）按中国有关政策、法规，用现汇、实物、技术等在中国直接投资的行为。外国投资者可以用现金、实物、无形资产、股权等投资，也可以用从外商投资企业获得的利润进行再投资。外商直接投资是指外国投资者在非上市公司中的全部投资及在单个外国投资者所占股权比例不低于10%的上市公司中的投资。综合上述，我们认为 FDI 是一种利用资金、技术等多载体取得对境外企业的实际控制权，并保持长期关系而使己方获得利益的投资活动，具有相对稳定的特点。

四、产业结构升级

要弄清产业结构升级的概念，先要明确几个与之相关的基础概念——行业、产业、产业结构。行业是从事国民经济中性质相同或具有密切替代关系的商品生产或服务等经济活动的经营单位或者个体的组合。产业的概念范畴比行业要大，一个产业可以是几个相关行业的集合，是社会发展的产物，产业内部分工不同、利益相连。产业结构的定义更宽泛，从全社会的角度出发，指国民经济各产业之间及产业内部的构成关系，包括产业之间的比例关系及其变化、产业之间的投入产出关系等。产业结构优化升级是一个动态的概念，指生产要素在经济各部门和不同产业之间的重新配置，以及经济各部门和不同产业产值的比重变化（Kuznets，1957）。韩永辉等（2016）认为，产业结构升级包含产业结构高级化和产业结构合理化两个方面。产业结构高级化主要表现为"三高"，即高附加值化和高技术化、高集约化、高度加工化，内容包括结构规模由小变大、结构水平由低变高、结构联系由松变紧（孙斐和陈静，2007）。产业结构合理化应从经济主体所处的经济环境、国家的发展目标、生产效率标准、资源利用标准、国民福利标准、需求标准等方面考虑（王涛和曹永旭，2009）。刘建江等（2021）将产业结构升级概括为产业结构高级化、资源配置方式市场化、产业发展方式集约化、产业空间结构集聚以及微观层面上产业内企业产品结构的升级。

本书认为产业结构升级主要包括产业结构高级化与合理化两个维度，并将高级化维度细分为反映投入产出、资源配置效率的高级化与反映结构调整和转变的高级化，将合理化维度细分为结构转变的协调化与产业结构升级的可持续化。

第二节 基本理论

一、城镇化相关理论

1. 田园城市理论

在"大城市病"频发的背景下，同时保留了城市与乡村优点的新型城市发展模式即田园城市一经问世便受人追捧，不同国家纷纷进行尝试，但各个田园城市在发展形态、规划布局等方面存在差异，反映出各个国家对田园城市的认知并不统一，存在异质性。霍华德将田园城市界定为四周有农业地带且能够提供丰富的社会活动的具有一定规模的为健康、生活、产业设计的城市。各国对田园城市的实践，使田园城市由蓝图成为现实，丰富和发展了田园城市理论，而城市郊区化、田园城市修正学派的产生使田园城市的内涵发生了变化，导致其更加注重"城"的发展而忽视"乡"的发展。

近年来，空间失序、生态失衡、环境污染等问题日趋加剧，人们将环境保护和可持续发展理念与田园城市理论相融合，形成了"生态城市"和"新田园城"等新阶段的现代田园城市理论。现代田园城市理论以产城融合为核心，以便捷高效的交通为纽带，兼具就业、教育、住宅、交通、娱乐、休闲等功能，强调城市与乡村共谋发展道路、人与自然和谐绿色发展、村民与市民共享发展成果（张宁，2018），这也是推进新型城镇化包容性可持续发展的必然要求。因此，新型城镇化包容性发展水平评价应从人口、经济、社会、生态、城乡等维度出发，构建系统、全面、科学的新型城镇化包容性发展水平评价体系。

2. 共生理论

"共生"起始于自然科学范畴，意味着不同生物相互依附、共同生活。之后，共生理论被应用到社会经济领域，内涵不断得到丰富，其核心思路为每一个体都具有平等地位并被公平对待，通过合作方式取长补短实现共同发展，进而达到互惠共生局面（胡守钧，2012）。共生理论在城镇化进程中主要表现为对抗和协作两个方面：一方面城镇逐渐外扩并与周边农村地区在资本、劳动力、资源等要素上进行竞争，且由于生产生活方式不同，相互对抗进而产生非包容性问题；另一方面城乡协同发展在各方面达到最佳效率，进而促进新型城镇化包容性发展。相互对抗与协同发展在城镇化发展的不同阶段发挥着不同的作用，城镇化发展前期对抗发挥重要作用，之后影响力逐渐减弱，城镇化发展后期协同作用超过对抗作用处于关键地位。根据共生理论，在同一共生环境中城镇、乡村两大发展主体在各方面形成协调发展局面，才能实现新型城镇化包容性发展。

因此，新型城镇化包容性发展水平的评价要注重城市发展的协调性，不仅要考虑城市内部经济、社会、生态环境等方面发展的协调性，还需考虑城市空间向外发展的协调性。

3. 马克思、恩格斯的城乡融合理论

马克思、恩格斯的城乡融合理论认为，城乡融合是历史发展的趋势，在实行生产社会化的历史条件下，应充分发挥城市的作用，并把大工业尽可能地均衡分布在全国，同时大力提升农业生产力、促进农业现代化，把工业和农业结合起来，从而实现城乡融合发展（刘先江，2013）。基于马克思、恩格斯的城乡融合理论和我国的基本国情，我国应吸取西方国家城乡发展的经验教训，公平对待城乡两大发展主体，并合理配置城乡各要素，进而促进城乡统筹发展、缩小城乡差距，以提升城乡包容性发展水平。

因此，新型城镇化包容性发展水平评价应综合考虑城乡发展的影响，从城乡收入和城乡联系两个角度出发构建新型城镇化包容性发展水平评价体系。

二、公共投资相关理论

公共投资相关理论有外部性理论、凯恩斯乘数理论、生产效应理论、内生增长理论。

1. 外部性理论

亚当·斯密在《国富论》中提到，国家有建立并维护公共机关及公共工程的义务。如果这些基础服务由个人进行建设或管理，将无法或很难收回成本。这样的公共事业具有很强的正外部性，必须由政府来兴建或管理。同时，亚当·斯密强调政府的作用就是"守夜人"，不能干预自由的市场经济，特别强调"看不见的手"的作用。在《国富论》中，亚当·斯密认为公共投资的范围也比较狭窄，主要包括司法行政及国防建设等投资领域。该理论体系主要强调公共投资具有正外部性，为市场经济提供良好的外部环境。

2. 凯恩斯乘数理论

乘数的概念最早由 Khan（1931）在《国内投资与失业的关系》一书中提出，但一直到凯恩斯的理论盛行时才得到经济学界的广泛关注和重视。Khan 提出的乘数这一概念用来表示一项新投资使就业增加的总量与该项投资直接产生的就业量的比例。

凯恩斯在《就业、利息和货币通论》中详细论述了公共投资理论，他认为市场机制不完善，以致市场总需求等于总供给达到的均衡状态并非充分就业状态下的均衡，市场机制无法自发达到充分就业状态下的均衡，存在市场失灵问题。政府通过对经济的干预解决市场失灵问题。政府通过增加公共财政的方式刺激需求，以达到推动经济增长、增加就业的目的。政府的扩张性财政政策有助于总产出的提高。凯恩斯提出了乘数模型，认为当投资增加时，总产出将会根据投资增加额成倍地增加。投资乘数的产生是由于社会各部门之间存在关联，导致投资形成一种无穷递推的连锁反应。

3. 生产效应理论

威廉·配第指出，国家应该增加生产性支出，同时减少非生产性支出，国家经费支出包括军队经费支出、教育经费支出、行政经费支出、宗教经费支出、社会救济支付以及公用事业费用支出，政府应该权衡各项经费的比率，增加后两项经费支出，减少前四项经费支出。只有合理的经费支出，才能促进经济平稳发展和社会安定团结。新凯恩斯学派基于凯恩斯关于公共投资乘数对经济增长产生的效应，进一步强调了公共经济投资的微观经济基础。从生产和供给的角度来看，政府可以通过公共投资提供公共产品和公共服务，刺激经济增长，调节经济质量。公共投资是能够为社会服务提供必要的条件，形成生产力，从根本上实现经济收益的投资行为。从长期来看，公共投资能够在供给端提供生产所需的要素，实现产出增长。因此，公共投资可以被认为是一种生产要素的投入，即公共投资可以被认为是具有生产性的。

4. 内生增长理论

内生增长理论认为，经济能够不依赖外力推动实现增长，知识积累和技术进步是经济持续增长的决定因素（Barro，1990）。内生增长理论指出，知识可以被认为是一种规模报酬不变的资本，将知识内生到生产函数中，从而得出即使没有技术进步，经济收入也会永远增长下去。知识的增长主要表现为人力资本的增加和科学技术水平的提高。教育和科学技术研究类公共投资一方面能够提高国民知识水平和生产技能，增加人力资本；另一方面能够促进生产技术水平的提高，促进产业升级，甚至催生新的产业。

公共投资理论表明，公共投资作为政府调控经济运行的手段，可刺激需求，为供给端提供所需的生产要素，促进经济增长。另外，政府利用公共投资进行基础设施建设、完善社会公共服务，可为新型城镇化包容性发展提供动力。

三、外商直接投资理论

外商直接投资理论是基于国际贸易理论、国际投资理论逐渐形成的。国际投资理论最早可追溯到马克思经济学中的资本理论及古典经济学。第一次世界大战爆发前，以英国为代表的欧洲国家大力发展海外资本市场，国际投资开始受到学者的关注。20世纪50年代前，学者们大多是在贸易理论的基础上进行国际投资分析的，一般有所侧重，而不是系统研究 FDI，且当时也只是将 FDI 简单地认为是国际间的资本流动。随着跨国公司的兴起和国际直接投资的增加，FDI 逐渐成为一种重要的对外经济形式，于是学者们开始了对 FDI 的系统研究。在前人研究的基础上，外商直接投资理论不断得到完善，逐渐形成了较成熟的理论体系，包括垄断优势理论、产品生命周期理论、内部化理论、国际生产折衷理论。

1. 垄断优势理论

1960年，美国经济学家海默提出了垄断优势理论，后由其导师金德尔伯格进一步补充，形成了"海默—金德尔伯格模式"。该模式摒弃了长期以来古典经济理论对于市场完全竞争的假设。海默在产业组织理论的基础上，假设市场存在不完全竞争，然后进行企业对外投资分析。他以20世纪50年代的美国企业为研究对象，发现市场不完全竞争使一部分企业具有了垄断优势。这些企业由此有了对外投资的优势，进而可在对外投资中获取巨大利润。其理论核心是企业具有的独特优势和市场不完全竞争的存在致使企业产生了对外投资行为进而谋利。不完全竞争的市场结构是重要前提，而企业特有的技术、高效的组织能力、规模化的生产等优势是它们能够在对外投资中获得利润的保证，这便是FDI 形成的原因。

20 世纪六七十年代，部分学者对该理论进行了完善和补充。约翰逊指出，垄断优势是通过企业核心资产形成的，也就是企业主要通过技术、知识等无形资产形成优势进而对外投资。凯夫斯则提出了产品差异能力论，认为跨国公司可根据不同的市场需求调整产品，打造出品牌优势从而掌控产品价格和销售。拉格曼指出，跨国公司对外投资不仅需要具有自身优势，还需要掌握东道国信息，可通过多元化投资来降低风险，使利润获取更稳定。

总的来说，垄断优势理论解释了企业对外投资的动因是垄断优势和市场不完全竞争，但存在一定的局限性，即它不能解释发展中国家的企业对外投资行为，这些企业不具有行业垄断优势，却仍选择进行对外投资，同时跨国公司的投资区位选择问题也不能得到很好的解释。

2. 产品生命周期理论

1966 年，哈佛大学教授弗农提出了产品生命周期理论，对跨国公司的对外投资时机、动机及区位选择进行了解释。弗农以产业动态发展为切入点，依据产品不同阶段的特点划分了产品生命周期，并结合地理区位因素分析了企业对外投资的规律。他认为，具有一定优势不足以说明企业为何选择对外直接投资而不只是对外出口，还需要综合考虑东道国的地理因素，所能预计的对外投资利润高于对外投资成本才导致了对外直接投资行为。弗农所讲的产品生命是指产品的市场寿命，产品如同人，要经历形成、成长、成熟、衰退这样的周期。根据市场需求、产品生产和技术要求等要素的演变，可以将产品分为新产品、成熟期和标准化三个阶段。在新产品阶段，企业尝试产品创新，知识和技术在这个阶段十分重要，而且此时该产品的市场需求量大于供给量，因此企业的经济活动基本集中在本国，所以新产品阶段产品生产集中在技术密集的发达国家。随着技术的不断改良，产品的生产量大幅提高并达到了一定规模，一些国外的企业也掌握了一定的生产技术，本国企业不再拥有原本的技术垄断优势，企业会向生产成本更低的地区进行投资，这个阶段就是产品的成熟阶段。在标准化阶段，产品的生产技术被广泛熟知，价格和劳动力成本成为竞争的关键，发达国家的企业会向发展中国家投资进行生产，发达国家由产品生产国转为进口国，以此保证利益最大化。产品生命周期理论也经历了不断总结、完善的过程。一些学者对该理论进行了补充和完善并提出了较明确的划分产品阶段的方法，使该理论的指导性得到了加强。虽然产品生命周期理论较之前的理论增加了对地理、时间因素的动态分析，很好地解释了美国企业对外直接投资的选择，但仍无法解释日本首先选择直接投资低收入、低消费的东南亚地区这一现象。

3. 内部化理论

1976 年，巴克莱和卡森提出了内部化理论。该理论的思想源于科斯定理，并以市场不完全假设为前提，运用内部化原理分析对外直接投资相关问题，从另一角度来说，内部化理论是对垄断优势理论的补充。内部化理论的基础假设着重于两点：首先，在市场不完全情况下，企业进行内部化经营的原因是追求自身利益；其次，由于内在缺陷导致市场不完全，这种情况下内部市场可以替代外部市场。他们认为，内部化理论可以解决市场机制失效问题，并能消除外部市场的不完全性。企业在进行经营活动时会遇到各种障碍，在外部市场交易不仅成本高、时间长，还具有不确定性。为了克服这些问题，企业会选择对外直接投资设立子公司，在各子公司间进行交易可以使技术、知识等资源实现内部化使用，从而形成一个内部化市场。这样可以有效降低交易成本，减少经营风险，也可在一定程度上规避市场的不完全性，使企业在跨国经营中获得内部化收益。内部化理论以市场机制失效为切入点，阐述了内部化经营通过降低风险和成本所带来的利益，很好地解释了跨国企业对外直接投资的原因，但若跨国企业进行对外直接投资仅是为了实现市场内部化，则会造成生产技术传播阻碍，对世界的技术进步产生不利影响。

4. 国际生产折衷理论

1977 年，英国学者邓宁提出了国际生产折衷理论，在 1981 年又对此理论进行了系统的阐述。邓宁是在垄断优势理论、要素禀赋理论及内部化理论的基础上，结合区位理论，通过对发达国家的对外直接投资行为及相应的国际形势变化进行分析，最终得到了国际生产折衷理论。该理论的综合性是以往的单一理论所不具备的，这使其成为影响力较大并且涉及领域较全面的外商直接投资理论。邓宁提出，企业要进行对外直接投资，必须同时具备所有权、内部化和区位三大优势，三者缺一不可，并以此建立了 OIL（Ownership-Internalization-Location）模型。所有权优势是垄断优势理论的体现，指企业由独有的技术、经验及规模化生产所带来的优势，可以抵消企业在境外投资的经营成本；内部化优势则体现了内部化原理，是将企业的所有权优势内部化，使企业在市场不完全情况下依然保持经营优势；区位优势是指东道国的环境有利于企业投资，例如丰富的自然资源、廉价的劳动力、开放的经济环境，以及有利的政策等。资产的内部化以及有利的投资环境都会使企业获取更多的利益，也会促进企业对外直接投资，对外直接投资是企业综合考虑各方面条件的结果，而不仅仅依赖于某一方面。国际生产折衷理论相较以前的理论考虑得更加全面，系统地解释了企业对外直接投资的动因，但也存在一定的不足，如其分析没有结合时间因素讨论市场的动态变化，并且同样不能解释发展中国家对外直接投资的动因。

第三节　方法论

一、综合评价模型

在评价新型城镇化包容性发展水平的方法中，综合评价模型更具有实用性，首先通过熵权法进行原始数据的赋权，以避免主观评价带来的随意性；其次对数据进行均值标准化以消除时间因素的影响；最后进行综合评价确定得分。

1. 熵权法

熵权法是一种客观的定权方法，能够立足数据本身所反映的信息，在消除人为因素的基础上计算出各个指标的权重。熵权法的原理是权重随指标变化而变化，变化程度越大信息效用值越大，权重值越大；反之，权重值越小。熵权法的计算过程如下：

设有 n 个评价指标，m 个样本，X_{ij} 表示第 i 个省份第 j 项指标（i = 1，2，…，n；j = 1，2，…，m）。

第一，构建待评估矩阵 R_X，如式（2-1）所示。

第二，对指标进行无量纲化处理。因为在拟评价指标中，有的是数值越大越好的正指标，有的是数值越小越好的负指标，这两类指标具有不同的量纲和计量属性，不能直接进行比较，为解决由于指标量纲和计量单位不一致导致的不可比问题，在计算指标熵权前要先对评价指标进行无量纲化处理。本书利用式（2-2）和式（2-3）对正、负指标无量纲化处理。经过以上无量纲化处理后，y_{ij} 的取值范围为 [0，1]，y_{ij} 的数值越大，说明该样本指标与其他样本的差异性越大，越能反映数据的特性。

第三，利用式（2-4）计算出第 i 个样本第 j 项指标所占的比重。

第四，利用式（2-5）计算出第 j 项指标的熵值。熵值是对信息量的测度，熵值越大，说明不良信息越多，系统稳定性越差。在此基础上，利用式（2-6）定义差异性系数，g_j 越大，说明不同指标间的差异性越大，该指标在实证研究中对模型拟合结果的解释力度越大。

第五，在差异性系数基础上利用式（2-7）定义"熵"权，"熵"权的大小代表某个指标在评价时所起的作用的大小。

$$R_X = \begin{bmatrix} X_{11} & \cdots & X_{1n} \\ \vdots & \ddots & \vdots \\ X_{m1} & \cdots & X_{mn} \end{bmatrix} \tag{2-1}$$

$$y_{ij} = \frac{X_{ij} - \min(X_{1j}, \cdots, X_{mj})}{\max(X_{1j}, \cdots, X_{mj}) - \min(X_{1j}, \cdots, X_{mj})} \tag{2-2}$$

$$y_{ij} = \frac{\max(X_{1j}, \cdots, X_{mj}) - X_{ij}}{\max(X_{1j}, \cdots, X_{mj}) - \min(X_{1j}, \cdots, X_{mj})} \tag{2-3}$$

$$P_{ij} = Y_{ij} \bigg/ \sum_{i=1}^{m} Y_{ij} \tag{2-4}$$

$$e_j = -\frac{1}{\ln m} \sum_{i=1}^{m} P_{ij} \ln P_{ij} \tag{2-5}$$

$$g_j = 1 - e_j \tag{2-6}$$

$$w_j = g_j \bigg/ \sum_{j=1}^{n} g_j \tag{2-7}$$

2. 均值标准化

为了避免综合评价数据无实际意义的问题，采用均值标准化法对数据进行处理，并得到新矩阵：

$$R_{Y(m \times n)} = \begin{bmatrix} Y_{11} & \cdots & Y_{1n} \\ \vdots & \ddots & \vdots \\ Y_{m1} & \cdots & Y_{mn} \end{bmatrix} \tag{2-8}$$

3. 综合评价模型

将 $R_{Y(m \times n)}$ 与由 n 个评价指标的 w_j 构成的矩阵 W 相乘，可得到所有样本的综合得分矩阵 $R_{m \times 1}$：

$$R_{m \times 1} = R_{Y(m \times n)} \times W \tag{2-9}$$

二、时空分析法

目前的大多数文献仅对新型城镇化包容性发展水平的区域差异进行了定性描述，并未对区域之间绝对差异和相对差异进行有效测度，本书主要通过核密度估计和马尔可夫链分析法对新型城镇化包容性发展水平进行时空分析，探究地区差异及其分布动态演进过程。

1. 核密度估计

核密度估计是一种用来研究随机变量数据分布运动特征的重要非参数估计方法，现已成为刻画经济变量非均衡分布的常规方法。该方法利用连续的密度曲线勾画出随机变量的分布状态，能够较好地捕捉随机变量的分布特征。本书选择高斯核函数估计省际新型城镇化包容性发展水平的空间分布及动态演进，核密度估计本质上反映的是省际新型城镇化包容性发展水平地区绝对差异的变化。

2. 马尔可夫链分析法

马尔可夫链分析法是一种研究具备马尔可夫性质且时间、状态都离散的变量组合的方法，该方法利用状态转移概率矩阵研究变量的内部动态演变。具体的相关数学定义如下：

设 $\{X_t\}$ 为一组随机变量序列，$\{i, j\}$ 为状态空间类型，则有：

$$P\{X_{(t+1)} = j \mid X_{(t)} = i, X_{(t-1)} = i_{(t-1)}, X_{(t-2)} = i_{(t-2)}, \cdots, X_{(0)} = i_{(0)}\}$$
$$= P\{X_{(t+1)} = j \mid X_{(t)} = i\} \tag{2-10}$$

其中，$\{X_t\}$ 序列称马尔可夫链，并假设马尔可夫链 $\{X_t\}$ 具有"无记忆"性质，即过去状态与未来状态没有相关性。据此，可将样本由 t 时期处于状态 i 一步转移到 t+1 时期处于状态 j 的概率记为 p_{ij}，并可通过公式 $p_{ij} = n_{ij} / n_i$ 计算得出。其中，n_{ij} 为由 t 时期处于状态 i 转移到 t+1 时期处于状态 j 的研究样本总数，n_i 为 t 时期处于 i 状态的研究样本总数，在计算出所有 p_{ij} 后可组成马尔可夫转移概率矩阵 P，进一步分析其中的变化概率与趋势。

三、空间计量分析方法

在传统面板回归模型中加入空间要素进行实证分析已经成为一种趋势，故本书采用空间计量模型进行新型城镇化包容性发展水平的动力机制分析。空间计量模型包含空间误差模型（SEM）、空间滞后模型（SLM）以及空间杜宾模型（SDM）。三者间存在嵌套关系，即 SEM 和 SLM 的一般形式为 SDM。当误差项具有空间依赖性时，通常采用SEM；当被解释变量受周边地区影响时，则采用SLM；当涉及空间滞后解释变量和被解释变量间的关系时，多采用SDM来衡量各个因素带来的溢出效应。除了上述三种较常见的空间计量模型外，使用较广的还有广义空间计量模型（SAC），该模型对空间自回归模型进行了拓展，将误差项的空间相关性纳入模型进行分析，同时描述了空间扰动性相关和空间实质性相关（陶长琪和杨海文，2014）。

四、中介效应检验模型

本书运用回归分析进行中介效应检验。中介效应可以通过三个步骤进行检验（Baron & Kenny，1986）：第一步，自变量对因变量回归（模型1），检验自变量对因变量的回归系数 c 的显著性；第二步，自变量对中介变量回归（模型2），检验自变量对中介变量的回归系数 a 的显著性；第三步，自变量、中介变量对因变量回归（模型3），检验自变量、中介变量对因变量的回归系数 c′和 b 的显著性（见图2-1）。如果 a、b、c′都显著，就表示存在中介效应。如果系数 c′不显著，就称这个中介效应是完全中介效应，如果回归系数 c′显著，但 c′<c，就称这个中介效应是部分中介效应。

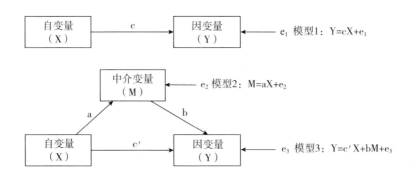

图 2-1　中介效应检验模型

第三章
我国新型城镇化包容性发展及其水平评价的现状和问题

第一节　我国新型城镇化建设的现状与问题

一、我国新型城镇化建设的基本情况

1. 人口城镇化水平不断提升，增长速度有所放缓

20 世纪 90 年代以来，我国城镇化进入快速发展阶段，城镇化水平总体上呈上升态势。随着城镇化进程的推进，我国城镇化增速有所下降，近年来处于稳定态势，图 3-1 显示了 1990～2020 年利用城镇人口占总人口比重反映的我国城镇化的发展趋势。国家统计局的数据显示，2020 年我国常住人口城镇化率已达 63.89%，与 1990 年的 26.41% 相比，提升了 37.48%；2020 年末城镇常住人口增加到 90220 万，是 1990 年的近 3 倍，年均增长 3.7%。

表 3-1 清楚地展现了我国 2005～2020 年城镇化率及其增长率。由表 3-1 可知，我国四大区域城镇化水平的增长趋势和全国总体一致，但各区域也表现出不同的发展基础，其中东部地区的城镇化水平最高，东北地区其次，这两个区域的城镇化水平高于全国水平，中部地区的城镇化水平高于西部地区，但是两者均低于全国水平。东部地区和东北地区由于城镇化水平较高，其增长率低于全国水平，西部地区增长最快，中部地区次之，两者的增长率在 2012 年后均高于全国水平。

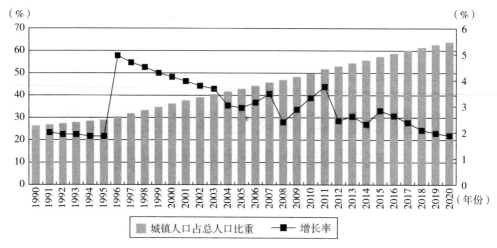

图 3-1　1990~2020 年我国城镇化率及其增长率

资料来源：笔者根据国家统计局公布的数据计算所得。

表 3-1　2005~2020 年我国四大区域及全国的城镇化率和城镇化增长率

年份	城镇化率					城镇化增长率				
	东部地区	东北地区	中部地区	西部地区	全国	东部地区	东北地区	中部地区	西部地区	全国
2005	59.23	54.77	37.58	35.18	42.99					
2006	60.15	55.15	38.96	36.15	44.34	1.56	0.69	3.69	2.75	3.15
2007	60.87	55.42	40.27	37.31	45.89	1.18	0.48	3.36	3.22	3.49
2008	61.65	56.22	41.73	38.53	46.99	1.29	1.44	3.61	3.28	2.40
2009	62.48	56.39	43.03	39.61	48.34	1.35	0.30	3.12	2.79	2.88
2010	64.43	57.04	44.44	41.45	49.95	3.12	1.15	3.27	4.64	3.33
2011	65.17	57.98	46.26	42.94	51.83	1.15	1.65	4.10	3.59	3.76
2012	65.92	59.02	47.74	44.27	53.10	1.15	1.80	3.20	3.11	2.45
2013	66.93	60.08	49.26	45.76	54.49	1.53	1.78	3.17	3.37	2.62
2014	67.71	61.03	50.65	47.43	55.75	1.16	1.58	2.84	3.65	2.31
2015	68.82	62.05	52.36	49.25	57.33	1.65	1.68	3.36	3.83	2.83
2016	69.99	62.90	53.99	51.08	58.84	1.70	1.37	3.12	3.71	2.63
2017	70.98	63.70	55.61	52.82	60.24	1.41	1.27	3.00	3.42	2.38
2018	71.81	64.86	57.03	54.25	61.50	1.17	1.82	2.56	2.70	2.09
2019	72.55	65.82	58.45	55.63	62.71	1.02	1.49	2.48	2.55	1.97
2020	73.35	66.80	59.73	56.94	63.89	1.10	1.48	2.20	2.35	1.88

资料来源：笔者根据国家统计局公布的数据计算所得。

2. 我国城镇化的空间性在逐渐增强

表 3-2 显示了我国城镇化的空间发展趋势。从全国情况来看，2008～2020年城镇建成区面积占城区面积的百分比呈显著上升趋势，即我国城镇化的空间性在逐渐增强。从各区域来看，东部地区城镇建成区面积占城区面积的百分比近年来一直低于全国水平，增长波动性较强，而东部地区的人口城镇化率远高于全国水平，这说明东部地区的土地城镇化与人口城镇化发展极不平衡。东北地区城镇建成区面积占城区面积的百分比呈波动下降趋势，这和东北地区城镇

表 3-2 2008～2020 年我国四大区域及全国城镇建成区面积占城区面积百分比及增长率

年份	城镇建成区面积占城区面积					增长率				
	东部地区	东北地区	西部地区	中部地区	全国	东部地区	东北地区	西部地区	中部地区	全国
2008	20.73	28.27	27.79	34.51	20.38					
2009	21.72	28.27	29.26	33.56	21.72	4.56	0.01	5.02	-2.83	6.17
2010	22.34	33.03	29.38	34.95	22.42	2.76	14.40	0.40	3.97	3.12
2011	22.80	35.99	30.38	35.19	23.75	2.02	8.24	3.29	0.70	5.60
2012	23.10	37.61	33.48	35.97	24.89	1.32	4.30	9.25	2.17	4.61
2013	23.91	39.34	33.98	38.48	26.09	3.37	4.38	1.48	6.52	4.59
2014	24.62	39.55	34.16	40.31	27.04	2.88	0.55	0.54	4.52	3.49
2015	25.44	41.36	31.17	40.71	27.17	3.25	4.36	-9.59	1.00	0.49
2016	25.72	37.51	32.33	41.27	27.42	1.09	-10.27	3.59	1.35	0.90
2017	26.39	39.85	32.44	41.30	28.35	2.52	5.88	0.34	0.05	3.28
2018	28.42	38.11	32.60	41.81	29.10	7.16	-4.57	0.49	1.24	2.58
2019	28.91	38.38	37.10	42.06	30.07	1.69	0.70	12.13	0.59	3.24
2020	29.48	38.97	37.26	44.32	32.54	1.94	1.52	0.42	5.09	7.58

资料来源：笔者根据国家统计局公布的数据计算所得。

化增长率呈下降趋势是一致的，说明东北地区城镇化近年来缺乏后续动力。近年来，中西部地区城镇建成区面积占城区面积的百分比处于稳步上升态势，尤其是中部地区远远高于全国水平，这得益于新型城镇化建设的推进，中西部地区处于持续发力建设当中。

总体来看，近年来我国城镇化呈现较快的发展态势，但是各区域表现出不同的特征。东部地区基础较好发展速度较快，中部和东北部地区的发展基础弱于东部地区，发展速度也比东部略低，但是总体上具有发展潜力。西部地区基础较为薄弱发展速度较慢，是未来需要进一步提高城镇化水平的重点区域。

二、新型城镇化建设中存在的问题

第一，不同地域之间城镇化发展失衡的问题突出。在新型城镇化进程中，城市发展大多源于城市中心单向攫取周围地区的资源禀赋，这可能扩大城乡间、地区间乃至地区内部的差距，造成城乡发展脱节和经济发展失衡。少数因具有区位禀赋而对外联系密切的城市快速发展，而其他地区的发展缺乏动力。就区域间城镇化水平的差距看，近年来中西部地区的城镇化水平逐渐提高，但与东部地区仍存在较大差距。2020 年，东部地区、东北地区、中部地区以及西部地区的城镇化率分别是 73.35%、66.80%、59.73%、56.94%。从城乡差距来看，虽然近年来逐步缩小，如城乡收入比值从 2011 年的 3.13 下降到 2020 年的 2.56，城乡消费比值从 2011 年的 3.22 逐渐下降到 2020 年的 1.97，① 但依然是客观存在的。

第二，失地农民融入城镇阻力较大。失地农民是新型城镇化进程中的弱势群体，是介于农民与城市居民间的特殊群体。部分失地进城农民即使拥有城镇户口，但其受教育程度等方面与城镇人口仍存在较大的差距，致使其融入城镇的阻力较大。让失地农民获得就业发展机会，并拥有稳定收入是未来城镇化建设需要解决的重大问题。

第三，环境保护压力增加。随着城镇化进程的持续推进，城镇建设面积不断增加，环境保护压力越来越大，快速城镇化在一定程度上不利于生态的可持续发展。

---

① 笔者根据国家统计局公布的数据计算所得。

第二节　新型城镇化包容性发展水平评价现状

一、评价体系的构建

《国家新型城镇化规划（2014—2020 年）》的提出助推了学者对新型城镇化包容性发展的研究，笔者搜寻近年来与新型城镇化包容性发展水平评价相关的研究成果，对比后发现以下四个特点。

（1）在评价新型城镇化包容性发展水平时，学者通常会构建一个由多维度、多指标组成的评价体系。多数学者将包容性发展分为 3 个维度，也有学者分为 7 个维度。

（2）学者们基于不同的视角和理念构建了多种城镇化包容性发展水平评价体系。马远（2016）基于包容性发展的视角，构建了涵盖包容性发展指标的城镇化质量测度体系；张卫国等（2016）依据 2014 年国务院发展研究中心和世界银行联合课题组发布的《中国：推进高效、包容、可持续的新型城镇化》，构建了包容性城镇化评价体系；张明斗和王雅莉（2016）基于城市化包容性发展的理论内涵及实际表现，构建城市化包容性发展的评价指标体系；常亚轻等（2020）基于地理学中 PRED 系统理论，构建包容性城镇化综合发展水平评价体系。

（3）部分评价体系包含很多三级指标，受限于数据及操作方法，学者多进行理论分析，较少进行实证研究（关国才和佟光霁，2015）。而要客观评价城镇化包容性发展水平，在构建评价体系时要综合考虑评价方法的可操作性、数据收集处理的可实现性。

（4）评价城市群的包容性发展水平时，学者更多地考虑空间的协同性发展（李辉和洪阳，2018；洪扬等，2021）。协同性发展是包容性发展的一部分，在当下都市圈快速发展的背景下，更应当注重区域间的协调发展。

表 3-3 至表 3-12 是一些具有代表性的新型城镇化包容性发展水平评价体系。

表3-3 新型城镇化包容性发展水平评价体系

作者	体系名称	内容	来源
国务院 (2014)	新型城镇化综合水平评价指标体系	4个层面,即城镇化水平层面、基本公共服务层面、基础设施层面和资源环境层面	《国家新型城镇化规划(2014—2020年)》
赵黎明和焦珊珊 (2015)	城镇化质量综合评价指标体系	7个方面:经济增长力、环境保护力、公共服务力、人口发展力、社会和谐力、民生幸福力和城乡协调力	《统计与决策》
关国才和佟光霁 (2015)	新型城镇化包容性评价指标体系框架	包含农民工市民化、公共服务均等化、产业支撑、城乡统筹、推进效率、环境承载和有效治理7个一级指标,细分为24个二级指标、83个三级指标	《学术交流》
住房和城乡建设部 (2016)	中国人居环境奖评价指标体系	6个方面:居住环境、生态环境、社会和谐、公共安全、经济发展和资源节约	《中国人居环境奖评价指标体系》
张卫国等 (2016)	包容性城镇化评价体系	3个方面:高效性(7个指标)、包容性(7个指标)和可持续性(7个指标)	《经济与管理研究》
马远 (2016)	城镇化质量测度指标体系	7个方面:经济发展质量、人口就业质量、生态环境质量、居民生活质量、公共服务质量、城乡协调质量和城市包容质量	《技术经济》
张明斗和王雅莉 (2016)	城市化包容性发展评价指标体系	从经济集约、社会和谐、环境友好和功能优化4个维度进行考察	《社会科学研究》
李叶妍和王锐 (2017)	城市包容性指标体系	从公共服务、社会保障两个准则入手,设计职工养老保险、职工基本医疗保险、失业保险、工伤保险、生育保险、住房公积金和补贴性住房7个指标	《中国人口·资源与环境》
田逸飘等 (2017)	新型城镇化包容性发展评价指标体系	3个维度:集约化发展系统(7个指标)、均等化发展系统(5个指标)和可持续发展系统(5个指标)	《城市问题》

续表

作者	体系名称	内容	来源
李辉和洪扬（2018）	城市群包容性发展测度指标	从城市群内城市发展机会公平、发展过程协同和发展成果共享3个方面进行综合测度	《甘肃行政学院学报》
晏朝飞和杨飞虎（2018）	城镇化包容性发展评价指标	3个维度：经济基础（6个指标）、服务普及（7个指标）和环境治理（5个指标）	《经济与管理研究》
于伟和赵林（2018）	基于包容性视角的城镇化质量指标体系	3个维度：发展机会均等、发展内容全面（人口发展、经济质量、环境保护）和发展成果共享	《应用生态学报》
周颖刚等（2020）	城市包容性指标体系	4个维度：普惠型社会保障、民生型公共服务、社区公共服务以及城市吸引力，具体包括7个指标	《财贸经济》
常亚轻等（2020）	包容性城镇化综合发展水平评价指标体系	从人口、土地、经济、社会和生态方面构建了包含13项要素27个具体变量的指标体系	《南通大学学报（社会科学版）》
蒋长流等（2020）	新型城镇化综合评价指标体系	从人口、经济、社会和生态环境方面构建了包含14个指标的评价体系	《财会月刊》
洪扬等（2021）	城市群包容性发展评价指标体系	机会公平（9个指标）、空间协同（7个指标）和成果共享（12个指标）3个维度	《现代城市研究》

资料来源：笔者整理。

表3-4　城市包容性指标体系

综合指标	一级指标	二级指标
城市包容性	普惠型社会保障	城镇居民医疗保险
		城镇养老保险
	民生型公共服务	子女在本地入学
		补贴性住房
	社区公共服务	是否建立居民健康档案
		是否接受健康教育
	城市吸引力	在本地居住的时间

资料来源：周颖刚，蒙莉娜，林雪萍. 城市包容性与劳动力的创业选择：基于流动人口的微观视角[J]. 财贸经济，2020，40（1）：129-144.

表 3-5　新型城镇化主要指标

指标	2012 年数据	2020 年目标
城镇化水平		
常住人口城镇化率（%）	52.6	60 左右
户籍人口城镇化率（%）	35.3	45 左右
基本公共服务		
农民工随迁子女接受义务教育比例（%）		≥99
城镇失业人员、农民工、新成长劳动力 免费接受基本职业技能培训覆盖率（%）		≥95
城镇常住人口基本养老保险覆盖率（%）	66.9	≥90
城镇常住人口基本医疗保险覆盖率（%）	95	98
城镇常住人口保障性住房覆盖率（%）	12.5	≥23
基础设施		
百万以上人口城市公共交通占机动化出行比例（%）	45 *	60
城镇公共供水普及率（%）	81.7	90
城市污水处理率（%）	87.3	95
城市生活垃圾无害化处理率（%）	84.8	95
城市家庭宽带接入能力（Mbps）	4	≥50
城市社区综合服务设施覆盖率（%）	72.5	100
资源环境		
人均城市建设用地（平方米）		≤100
城镇可再生能源消费比重（%）	8.7	13
城镇绿色建筑占新建建筑比重（%）	2	50
城市建成区绿地率（%）	35.7	38.9
地级以上城市空气质量达到国家标准的比例（%）	40.9	60

注：带"＊"为 2011 年数据。

资料来源：《国家新型城镇化规划（2014—2020 年）》。

表 3-6 新型城镇化包容性评价指标体系框架

一级指标	二级指标	三级指标
农民工市民化	城镇户籍	农民工自身城镇迁移率
		农民工举家城镇迁移率
		常住人口城镇化率
		户籍人口城镇化率
		农民工市民化率
	就业机会	农民工就业人数
		农民工第二产业就业比重
		农民工第三产业就业比重
		农民工每年参加职业技能培训的人数与次数
	基本权利	农民工住房保障率
		公立学校吸收农民工子女入学比例
		农民工社会保障覆盖率（含养老、医疗、失业保障）
公共服务均等化	基本生存性服务	就业支出占财政支出的比重
		公共就业服务机构覆盖率
		人力资源网络覆盖率
		就业援助率
		城镇登记失业率
	基本社会保障性服务	社会保障支出占财政支出的比重
		城镇常住人口医疗保险覆盖率
		新农合参合率
		城镇常住人口养老保险覆盖率
		城镇常住人口保障性住房覆盖率
	基本能力提升性服务	教育经费支出占财政支出比重
		九年义务教育普及率
		平均受教育年限
		城镇人均公共图书馆藏书量
		农家书屋覆盖率
	基本健康保障性服务	公共医疗卫生支出占财政支出的比重
		每千人口拥有医生数

续表

一级指标	二级指标	三级指标
公共服务均等化	基本健康保障性服务	每千人口拥有病床数
		农村自来水普及率
		农村卫生厕所普及率
产业支撑	产业实力	农业产业化 GDP 贡献率
		第二产业 GDP 贡献率
		第三产业 GDP 贡献率
		农业产业化就业人数
		第二产业就业人数
		第三产业就业人数
	产业结构	三次产业结构比例
		技术密集型产业产值占 GDP 比重
		信息产业产值占 GDP 比重
	产业可持续发展	R&D 经费占 GDP 比重
		环保投入占 GDP 比重
		单位 GDP 能耗
		单位 GDP 工业三废排放量
城乡统筹	收入消费差距	城乡人均可支配收入比
		城乡人均消费支出比
		城乡恩格尔系数
	医疗卫生差距	城乡人均财政医疗卫生经费支出比
		城乡每千人卫生医务人员差异
		城乡每千人病床数差异
	教育文化差距	城乡人均财政教育经费支出比
		城乡中小学师生比差异
		城乡每千人拥有图书数量差异
	基础设施差距	城乡人均铺装道路面积比
		城乡万人互联网用户数差异

续表

一级指标	二级指标	三级指标
推进效率	经济发展效率	第三产业增加值占 GDP 的比重
		第三产业从业人员比重
		单位劳动力实现的 GDP
		单位固定资产投资实现的 GDP
	土地利用效率	城镇人口密度
		单位建成区面积吸纳的城镇人口数量
		单位建成区面积实现的 GDP
	能源利用效率	单位 GDP 能耗
		可再生能源使用比例
	水资源利用效率	单位 GDP 耗水量
		工业用水重复利用率
环境承载	土地资源	人均耕地保有量
		有机农业区面积
		森林覆盖率
	交通系统	每万人拥有公共交通车辆台数
		城镇人均道路面积
		城镇人均公共交通客运量
	环境保护	城镇空气质量优良天数
		城镇污水处理率
		城镇生活垃圾无害化处理率
		城镇人均绿地面积
有效治理	公众参与	城镇建设市民参与机会
		城镇规划专家论证次数
	机构立法	城镇规划法律法规制定情况
		城镇管理代表制度、问责制度制定情况
	政府效能	城镇建设财务资源配置情况
		城镇管理制度执行情况

资料来源：关国才，佟光霁．新型城镇化的包容性体系构建及实现路径［J］．学术交流，2015（12）：118-125.

表 3-7　城镇化质量测度指标体系

目标层	准则层	性质	单位
经济发展质量	人均地区生产总值	正向	元
	二、三产业产值比重	正向	%
	单位建成区面积工业产值	正向	万元/平方千米
	人均固定资产投资	正向	万元
	路网密度	正向	千米/平方千米
人口就业质量	平均受教育年限	正向	年
	城镇人口比重	正向	%
	城镇登记失业率	逆向	%
生态环境质量	每万人建成区绿地面积	正向	平方米
	每万人工业废气排放	逆向	立方米
	每万人工业污水排放	逆向	立方米
居民生活质量	城镇居民家庭恩格尔系数	逆向	%
	城镇人均住房面积	正向	平方米
	每百户彩色电视机	正向	台
公共服务质量	每万人医生数	正向	人
	每万人中等学校教师数	正向	人
	科教文卫支出比重	正向	%
城乡协调质量	城乡收入比	逆向	%
	城乡人均消费差距	逆向	元
	城乡恩格尔系数比	逆向	%
城市包容质量	城乡文教娱乐支出比	逆向	%
	净流入人口比重	正向	%
	调解民事纠纷数	逆向	件
	城镇最低生活保障覆盖率	正向	%

资料来源：马远. 基于包容性发展的城镇化质量测度及系统耦合分析 [J]. 技术经济, 2016, 35 (3)：68-74, 108.

表 3-8　基于包容性视角的城镇化质量指标体系

目标层	子系统层		指标层
基于包容性视角的城镇化质量指标体系	发展机会均等		人均城市道路面积
			万人拥有交通车辆数
			万人医生数
			万人中小学教师数
			百人公共图书馆藏书量
			人均财政科技支出
			万人互联网用户数
	发展内容全面	人口发展	城镇人口比重
			二、三产业从业人员比重
			城镇登记失业人员数占从业人员期末人数比重
			人均 GDP
		经济质量	第三产业产值比重
			年末金融机构各项存款余额
			固定资产投资
			地方公共财政收入
		环境保护	建成区绿化覆盖率
			生活垃圾无害化处理率
			污水处理厂集中处理率
			一般工业固体废物综合利用率
	发展成果共享		城乡居民收入比
			城乡居民人均生活消费支出之比
			城乡居民恩格尔系数之比
			城镇职工基本养老保险参保人数与户籍人口之比
			城镇基本医疗保险参保人数与户籍人口之比
			失业保险参保人数与户籍人口之比

资料来源：于伟，赵林．包容性视角下城镇化质量与资源利用的协调性：以中国 288 个地级以上城市为例 ［J］．应用生态学报，2018，29（12）：4119-4127.

表 3-9　包容性城镇化综合发展水平评价指标体系

目标层	子系统层	要素层	指标层	单位	属性
包容性城镇化水平	X1 人口城镇化	X11 人口集聚	城镇化率（0.39）	%	正向
		X12 城镇就业	二、三产业从业人数占比（0.28）	%	正向
			城镇登记失业率（0.34）	%	负向
	X2 土地城镇化	X21 土地利用结构	建成区面积占市辖区面积比重（0.19）	%	正向
			人均城市建设用地面积（0.28）	平方米	正向
		X22 土地利用效率	单位建成区面积从业人员数（0.15）	人/平方米	正向
			单位建成区面积固定资产投入（0.17）	亿元/平方米	正向
			单位建成区面积二、三产业产值（0.21）	亿元/平方米	正向
	X3 经济城镇化	X31 产业结构	三产增加值占 GDP 比重（0.15）	%	正向
		X32 经济规模	人均 GDP（0.24）	元	正向
			地方财政收入占 GDP 比重（0.19）	%	正向
		X33 生活水平	城镇居民人均可支配收入（0.21）	元	正向
			城镇居民人均消费性支出（0.21）	元	正向
	X4 社会城镇化	X41 城乡统筹	城乡居民人均消费性支出比（0.1）	/	负向
			城乡居民人均可支配收入比（0.1）	/	负向
		X42 基础设施	人均道路面积（0.19）	平方米	正向
			每百人公共图书馆藏书量（0.09）	册	正向
			人均住宅建筑面积（0.2）	平方米	正向
		X43 公共服务	每万人拥有医疗机构床位数（0.2）	张	正向
			财政教育支出占一般预算支出比重（0.12）	%	正向
	X5 生态城镇化	X51 城市绿化	人均公园绿地面积（0.21）	平方米	正向
			建成区绿化覆盖率（0.1）	%	正向
		X52 能源消耗	万元 GDP 能耗（0.08）	吨标准煤	负向
			人均能源消费（0.15）	千克标准煤	负向
		X53 污染治理	环境污染治理投资占 GDP 比重（0.27）	%	正向
			生活垃圾无害化处理率（0.09）	%	正向
			污水处理率（0.1）	%	正向

资料来源：常亚轻，黄健元，龚志冬．长江经济带包容性城镇化发展区域差异研究［J］．南通大学学报（社会科学版），2020，36（5）：35-40．

表 3-10 城市群包容性发展评价指标体系

一级目标层	二级目标层	准则层	指标层
城市群包容性发展	机会公平	人力资本	每万人在校大学生数量（人）；常住人口数量（万人）；城市就业人员密度（人/平方米）
		科技创新	人均科技支出（元）；每万人发明专利申请量（件）；每万人科学技术人员数量（人）
		公共治理	人均公共财政支出（元）；人均实际使用外资量（美元）；年末金融机构贷款余额与存款余额乘积的平方根与人口总量之比（万元/人）
	空间协同	要素流通	城市群客运量（万人）；城市群货运量（万吨）；城市群移动电话拥有量（万户）、邮政业务总量（万元）、电信业务总量（万元）之积的三次方根
		空间联系	城市流强度；城市群功能分工水平
		经济联系	城市群人均 GDP（万元）与地均 GDP（万元/平方米）之积的平方根；城市群网络密度
	成果共享	经济	人均 GDP（元）；二、三产业产值占总产值的比重（%）；人均固定资产投资量（元）
		社会	外来人口比重（%）；每万人拥有公共汽车数（辆）；每万人拥有医生数（人）
		文化	每百人公共图书馆藏书量（册、件）；每万名小学生拥有专任教师（人）；人均教育支出（元）
		生态	城市 GDP 与城市工业污水排放总量、二氧化硫排放总量、工业烟尘排放总量乘积的三次方根之比（万元/吨）；城镇生活污水处理率与生活垃圾无害处理率乘积的二次方根（%）；建成区绿化覆盖率（%）

资料来源：洪扬，陈钊，张泉，李辉. 中国城市群包容性发展的综合测度及比较：基于我国 18 个城市群的数据分析［J］. 现代城市研究，2021（5）：106-111，125.

表 3-11　城市化包容性发展评价指标体系

目标层	准则层	指标层	单位
城市化包容性 发展评价 指标体系	经济集约	人均 GDP	元
		非农产值比重	%
		单位 GDP 的废水废气排放量	吨/万元
	社会和谐	城市人口密度	人/平方千米
		城市人口登记失业率	%
		非农从业人员比重	%
	环境友好	人均绿地面积	平方米
		工业烟尘去除率	%
		建成区绿化覆盖率	%
	功能优化	人均城市道路面积	平方米
		城市排水管道长度	千米
		城市道路照明灯数量	盏

资料来源：张明斗，王雅莉. 城市化包容性发展的综合测度及驱动因素研究 [J]. 社会科学研究，2016（6）：118-124.

表 3-12　新型城镇化包容性发展评价指标体系

目标层	准则层	指标层
新型城镇化包容性 发展评价指标体系	集约化发展系统	城镇化率
		城镇人口密度
		人均 GDP
		第三产业占 GDP 的比重
		资本利用率
		土地利用率
		单位 GDP 耗能
	均等化发展系统	城乡收入差距
		城乡消费差距
		城乡教育差距
		城乡医疗差距
		城乡文化差距

续表

目标层	准则层	指标层
新型城镇化包容性发展评价指标体系	可持续发展系统	生活污水处理率
		工业固体废弃物综合利用率
		生活垃圾无公害处理率
		城市建成区绿化率
		人均公园绿地面积

资料来源：田逸飘，张卫国，刘明月. 科技创新与新型城镇化包容性发展耦合协调度测度：基于省级数据的分析［J］. 城市问题，2017（1）：12-18.

二、新型城镇化包容性发展水平评价方法

进行新型城镇化包容性发展水平评价有两种思路：一种是将城镇化进程视为"投入—产出"的复杂系统，采用非期望产出的 Super-EBM 模型（赵林等，2021）测度城市包容性发展效率；另一种是通过构建发展水平评价体系来衡量城镇化包容性发展状况。学界多采用复合指标法对新型城镇化包容性发展水平进行定量分析，那么各指标权重的确定就决定了新型城镇化包容性发展水平。在指标赋权方面，现有研究主要采用主观赋权法和客观赋权法。主观赋权法主要包括模糊综合评价法、层次分析法、德尔菲法等，客观赋权法主要包括灰色关联分析法、主成分分析法、熵权法、因子分析法等（见表3-13）。每种方法都有优缺点，本书采用熵权法进行分析。

表 3-13　不同评价方法的优缺点

方法名称	特点	优势	缺陷
模糊综合评价法	定性指标定量化	结果清晰，可挖掘更多信息	无法避免权重设计的主观性，指标较多时，权重设计较为困难
层次分析法	系统性、实用性	将定性定量指标有机融合在一起；将目标系统分成几个层次；动态评估，具有可继承性	指标两两比较易出现矛盾的情形；专家主观判断受其自身限制
灰色关联分析法	处理数据灵活和广泛适用	对样本量的大小没有太高要求，分析结果一般符合定性分析	过于主观且指标最优难以界定
主成分分析法	复杂的问题简单化	简化原有复杂体系，筛选出主要指标；权重设计客观	评价结果依赖于所选择的指标样本，足够多的指标数量才能保证因素筛选的准确性
熵权法	据指标变异性的大小来确定客观权重	避免赋予权重时的主观性	忽视决策者主观意图

三、新型城镇化包容性发展水平评价态势分析

现有的新型城镇化包容性发展水平评价有的未考虑城镇化的阶段性和时效性，主要偏向于静态评价，如采用截面数据进行区域分析（张卫国等，2016）。但是，新型城镇化包容性发展是动态的，对其发展水平的衡量应关注其未来的发展趋势，随时空的变化而调整。近年来，部分学者开始基于较长时间的面板数据研究我国新型城镇化包容性发展的长期态势，获得了较客观的结果（田逸飘等，2017；于伟和赵林，2018）。因此，在进行新型城镇化包容性发展水平评价时不仅要考虑时间、空间因素，还应将评价指标置于不断发展的动态过程中，设计可以反映时空因素影响的动态指标来衡量和评价新型城镇化包容性发展的质量和效果，并采用时空分析法进一步探究新型城镇化包容性发展水平的时空差异、态势演变以及动力因素，从而科学测度、评价新型城镇化包容性发展水平。

第三节 新型城镇化包容性发展水平
评价存在的问题

本书通过对相关文献进行比较分析，并探究新型城镇化包容性发展相关评价案例，发现新型城镇化包容性发展水平评价存在以下四个问题。

一、评价对象和评估主体不明确

学界尝试从不同维度明确新型城镇化包容性发展的内在含义，都体现了新型城镇化与包容性发展的目标和要求，但是目前新型城镇化包容性发展尚未形成统一的概念，新型城镇化包容性发展水平评价对象的内涵更是没有明确的定义。此外，目前我国没有专门的机构对全国新型城镇化包容性发展水平评价工作予以规范和指导，评估主体混乱，致使评估结果不具有指导性，评价工作流于形式，制约着新型城镇化包容性发展的深入推进。

二、评价指标体系的操作性和实用性不强

由于描述性指标易于建立和获得，所以一些学者便忽略了对评价性指标和

评价方法的开发，导致一些指标体只能描述某一时段内新型城镇化包容性发展的变化趋势，缺乏数据分析的支撑，无法做出具体评价。有些学者选取的基础量化指标过于简单，难以体现新型城镇化包容性发展的核心要义，也无法反映其真实水平；或构建的指标体系过于烦琐庞大，缺乏实际操作性。不同区域的经济、社会发展状况及资源生态状况不同，在分析不同区域的新型城镇化包容性发展状况时，要适当调整指标体系以突出区域新型城镇化发展特色。

三、评价方法单一

现有新型城镇化包容性发展水平综合评价研究中，不少学者认为新型城镇化"以人为本"，强调城市人口占比，但由于中国特有的户籍制度，提出"户籍人口城镇化率"这单一指标评价。一些学者认为，新型城镇化包容性发展水平主要体现为经济、政治、文化、生活等多维度发展水平，因此主张构建一个有较多指标的综合测度系统才能有效地反映新型城镇化包容性发展的真实水平。但无论是单一指标还是综合评价指标体系，大多采用单一的因子分析，难以对测度结果进行深入分析。大多数评价方法过于浅显，未能挖掘测度结果带来的深层次信息。目前评价研究中，对于熵权—均值标准化法、模糊灰色关联法，神经网络法等新兴方法应用较少，导致评价结果难以服从。

四、评价规范不明确

我国推进新型城镇化建设已有数年之久，但是对开展新型城镇化建设水平评价工作尚没有明确的规定，对新型城镇化包容性、可持续性的评价较少，亦没有形成相关评价的标准，导致新型城镇化包容性发展水平评价没有客观的可参照规则，在一定程度上出现了主观随意性，进而影响评价结果的真实性及普适性。在当前建设法治国家的背景下，新型城镇化包容性发展水平评价工作应当有法可依、依法而为，才能健康、高效地开展这项工作，助力新型城镇化包容性发展。

第四章

新型城镇化包容性发展
水平评价体系的构建

通过对我国新型城镇化包容性发展水平评价现状进行多维度分析，笔者发现，目前我国新型城镇化包容性发展水平评价体系的构建、评价方法的选择尚处于摸索阶段。本章将基于新型城镇化包容性发展的丰富内涵，参考既有的水平评价体系构建思想，围绕新型城镇化包容性发展水平评价的目标，遵循客观性和可行性原则、层次性和可操作性原则、动态性和可比性原则、综合性与系统性原则、"以人为本"原则、可持续发展原则、城乡融合发展原则、时代性原则，创新性地从人口、经济、社会、城乡、生态 5 个维度选取 39 个指标构建新型城镇化包容性发展水平评价体系，探析传统城镇化水平评价体系与新型城镇化包容性发展水平评价体系的异同，并对评价方法的选取、指标权重的确立进行解释。

第一节　新型城镇化包容性发展水平评价的目标

新型城镇化包容性发展水平评价的目标是科学高效地评价新型城镇化包容性发展的预期效果，包括新型城镇化包容性发展产生的经济效益、社会效益、可持续影响，可细分为城镇综合实力增强带来的城镇人口增加、城乡人口就业水平及人口素质提升、经济高质量发展、社会和谐、生态可持续发展、城乡协调发展。科学合理地评价新型城镇化包容性发展水平，需要以新型城镇化包容性发展的本质内涵为指导，使新型城镇化包容性发展水平的评价标准与新型城镇化包容性发展的具体内涵一致。基于前文对新型城镇化包容性发展内涵及水平评价现状的探究，本章构建了能够体现我国新型城镇化包容性发展内涵与要求的评价体系，力求评价工作在不与预期相悖的情况下顺利进行。

（1）科学合理评价新型城镇化包容性发展水平，明确新型城镇化包容性发展现状。新型城镇化包容性发展水平评价是一项综合性的系统工程，通过收集数据、选取指标、利用定量分析与定性分析相结合的方法分析新型城镇化包容性发展现状、存在的问题及城镇化的发展潜力，有利于明确新型城镇化包容性发展的状况以及未来的发展方向与道路。

（2）科学合理评价新型城镇化包容性发展水平，推进新型城镇化的管理工作。新型城镇化包容性发展水平评价可为新型城镇化包容性发展的现状剖析、潜力分析、布局调整等提供依据，进一步可助力实现新型城镇化以人为核心的战略目标，完善相关战略措施、政策法规、运作程序，提供制度保障。

（3）科学合理评价新型城镇化包容性发展水平，完善城镇化理论体系。城镇化相关理论较为丰富，但是基于包容性发展视角的新型城镇化发展水平评价的相关研究还比较薄弱，尚未形成完整的理论和方法体系。建立新型城镇化包容性发展水平评价体系，考虑时间和空间因素对新型城镇化包容性发展状况进行定量分析，可以丰富新型城镇化包容性发展水平评价相关研究，完善城镇化理论体系。

第二节 新型城镇化包容性发展水平评价指标的选取原则

一、选取评价指标的一般原则

科学合理地选取评价指标是构建新型城镇化包容性发展水平评价体系的重要环节。为确保新型城镇化包容性发展水平评价体系的科学合理性，首先要明确指标的选取原则，其次根据指标选取原则明确评价体系的设计框架，最后确定计算公式及数据获取方式。本书选取水平评价指标的一般原则有：

1. 客观性和科学性原则

构建评价体系必须基于该地区城镇发展的真实情况，选取具有科学性和客观性的指标，通过合理的计算得到真实、准确的指标值，为后续分析提供可信的数据支撑。

2. 层次性和可操作性原则

城镇化是一个复杂的经济发展过程，水平评价所选取的指标要精准反映城镇化内部复杂的对应关系，同时还要具有可操作性。若上述要求得不到满足，那么构建的评价体系就毫无意义。

3. 动态性和可比性原则

城镇化过程具有动态性，水平评价指标也要体现出这种动态性。同时，在动态性的前提下，反映不同时期发展状况的指标之间还应该具有可比性，这样才能保证评价体系的稳定性。

4. 综合性和系统性原则

新型城镇化是社会、经济、人口、生态等多维因素共同发展的过程，任何一方面的遗漏都会导致整个评价体系的不完整，影响评价体系的准确性。所以，选取指标时需要全面考虑各种因素，不能忽略或偏向某一个方面，但指标选取在保证评价体系完整性的同时，并不是越多越好，只有选定的指标具备典型性，能最大限度地揭示样本间差异、反映客观状况，得出的结论才具有指导意义。

二、选取评价指标的特殊原则

新型城镇化包容性发展水平评价作为特定的政策性领域研究，其专业性和特殊性使评价体系的构建要有别于其他的评价体系。新型城镇化包容性发展水平评价指标的选取除了要遵循客观性和科学性原则、层次性和可操作性原则、动态性和可比性原则、综合性和系统性原则外，还应遵循以下原则：

1. 体现"以人为本"

传统城镇化发展强调的是经济增长，忽视了人的全面发展，重视"财富蛋糕"的做大，忽略了资源财富的有效分配。而新型城镇化包容性发展强调人本思想，发展为了人民，发展依靠人民，发展成果由人民共享，故其水平评价指标的选取应紧密围绕"以人为核心"的思想，全面反映"人"的主体地位和根本利益。

2. 可持续发展原则

新型城镇化包容性发展是可持续的发展过程，是经济、社会、生态可持续发展的系统性工程。随着经济的快速发展、现代化水平的提高，城镇人口不断增加、城镇空间日趋外扩，资源的无序利用给生态环境带来了严重影响，城镇化中后期产生的"内卷效应"不断增强，人与自然和谐相处成为发展的核心。新型城镇化包容性发展的最终目标是实现人口、经济、社会、城乡、生态全方位多领域协调可持续发展：一是强调物理空间的可持续性，解决生态环境问题；二是强调经济社会的可持续性，满足人的物质与精神需求。因此，新型城镇化包容性发展水平评价指标的选取要强调可持续发展原则，突出对生态环境的保护与经济社会的可持续性。

3. 城乡融合发展原则

我国早期实施重工业优先发展战略、城乡分割的户籍制度，形成了城乡分割的二元结构及重城轻乡的城乡关系。长期重城轻乡的历史发展路径造成城市发达而乡村落后、工业发达而农业落后、城市居民生活水平高而农村居民生活水平低，城乡发展差距较大。新型城镇化包容性发展立足于缩小城乡差距，促进城乡融合发展，涉及城乡产业、要素、收入、公共服务等方面。因此，新型城镇化包容性发展水平评价指标的选取要从城乡融合发展视角出发，反映城乡发展差距及城乡之间的联系。

4. 时代性原则

新型城镇化包容性发展水平的评价指标不应是一成不变的，而应随着社会经济发展不断更新和完善。因为城镇化在不同发展阶段的特征和面对的问题不同，所以选取的指标也应不同。如当前我国的城镇化发展更重视城市的宜居性，注重建设公园型城市，在选取新型城镇化包容性发展水平评价指标时应当考虑"人均公园绿地面积"这一指标。随着经济社会发展，国家对教育事业的投入不断加大，人们受教育年限不断延长，高等学校在校人数占比日趋提高，国民素质不断提升，在选取新型城镇化包容性发展水平评价指标时应当考虑"高等学校在校人数占比"这一指标。

第三节　新型城镇化包容性发展水平评价体系的构建

一、评价体系的构建

为科学合理地构建出反映新型城镇化包容性发展水平的评价体系，本书收集和整理了以往的文献资料，参考借鉴了《国家新型城镇化规划（2014—2020年）》《中国人居环境奖评价指标体系》等文件以及国内外学者的相关研究成果。这些文献资料中列出的城镇化发展水平评价体系具有较强的政策性与学术性，有益于指导新型城镇化包容性发展水平评价体系的构建。基于评价目标的差异性，本书主要采纳了与本书研究主题具有高度一致性的指标。同时，考虑指标数据的可得性与连续性，剔除了数据严重缺失的指标。

　　本书从新型城镇化包容性发展的内涵出发，基于目标导向并遵循系统性、动态性、代表性、可操作性原则，综合考虑人口、经济、社会、城乡与生态的动态内在关系，创新性地从这5个维度构建了新型城镇化包容性发展水平评价体系，科学性地选取了5个一级指标、13个二级指标、39个三级指标（见表4-1）。为了能够定量评价各个维度，将目标层下属的准则层通过要素层细分到指标层，以对我国城镇化包容性发展水平进行更为准确的测算评价。该评价

表4-1　新型城镇化包容性发展水平评价体系

	准则层	要素层	指标层	单位	指标性质
新型城镇化包容性发展水平评价体系	人口包容性发展	人口规模	人口城镇化率（C1）	%	正
			城镇登记失业率（C2）	%	负
		人口就业	第三产业就业率（C3）	%	正
			城镇就业率（C4）	%	正
		人口素质	受教育年限（C5）	年	正
			高等学校在校人数（C6）	万人	正
	经济包容性发展	经济发展	人均GDP（C7）	万元	正
			第三产业产值占GDP的比重（C8）	%	正
			产业结构（C9）		正
		开放水平	进出口总额占GDP的比重（C10）	%	正
		市场化程度	非国有经济投资占比（C11）	%	正
		创新发展	R&D经费支出占GDP的比重（C12）	%	正
			每万人专利授权量（C13）	件	正
	社会包容性发展	公共服务	人均教育投资存量（C14）	万元	正
			单位建成区面积实现GDP（C15）	元/平方千米	正
			人均卫生等投资存量（C16）	元	正
			医疗保险覆盖率（C17）	%	正
			养老保险覆盖率（C18）	%	正
		基础设施	人均城市道路面积（C19）	平方米	正
			每万人拥有公共交通车辆（C20）	辆（标台）	正
			每万人医疗卫生机构床位（C21）	张	正
			每万人城市道路照明灯（C22）	盏	正
			公共供水普及率（C23）	%	正
			燃气普及率（C24）	%	正

续表

准则层	要素层	指标层	单位	指标性质
新型城镇化包容性发展水平评价体系	城乡包容性发展	城乡收入差距泰尔指数（C25）		负
		城乡消费差距泰尔指数（C26）		负
		城乡医疗支出之比（C27）	%	负
		城乡文娱支出之比（C28）	%	负
		城镇恩格尔系数（C29）	%	负
		农村恩格尔系数（C30）	%	负
		公路密度（C31）	千米/万人	正
		每万人客运周转量（C32）	次	正
	生态包容性发展	单位GDP电耗（C33）	千·瓦时/万元	负
		单位GDP废水排放总量（C34）	吨/万元	负
		单位GDP二氧化硫排放量（C35）	千克/万元	负
		城市生活垃圾无害化处理率（C36）	%	正
		森林覆盖率（C37）	%	正
		人均公园绿地面积（C38）	平方米	正
		城市人口密度（C39）	人/平方千米	负

体系不仅能够全面反映、监控新型城镇化包容性发展水平，而且可以对新型城镇化包容性发展水平进行定量评价。

二、指标释义

通过深入理解新型城镇化包容性发展的内涵，笔者认为构建新型城镇化包容性发展水平评价体系需要重点突出以下指标：

1. 人口包容性发展

人口包容性发展是新型城镇化包容性发展的本质要求，包容性发展强调"以人为本"，人口包容性发展不仅表现为城镇人口数量占比的提高，更表现为城镇人口就业水平及人口素质的提升，因此要从人口规模、人口就业、人口素质3个方面进行考虑。

本书采用人口城镇化率来衡量人口规模，表明推进新型城镇化包容性发展的直接结果就是城镇人口规模的增加；采用城镇登记失业率衡量城镇内部就业机会是否均等；采用第三产业就业率衡量非农产业就业人数的占比；采用城镇就业率衡量新型城镇化包容性发展中城镇就业人数的占比，就业为民生之本，且是经济稳定发展运行的基础，故评价新型城镇化包容性发展水平应关注城镇就业情况；采用受教育年限与高等学校在校人数来衡量人口素质，不仅反映了城镇人口质量的高低，而且反映了城镇潜在创新能力的大小。人口素质的指标值越大，表明该区域高素质人才的后备力量越强，潜在的创新能力越强，越有利于提高新型城镇化包容性发展水平。

2. 经济包容性发展

经济包容性发展是新型城镇化包容性发展的核心，新型城镇化包容性发展应当是经济高质量、高度开放、高市场化水平以及高创新能力的发展，从经济发展、开放水平、市场化程度、创新发展4个方面进行考虑。

（1）经济发展。采用人均GDP反映经济增长的结果，采用第三产业产值占GDP的比重反映一个地区经济发展的质量，采用产业结构反映一个地区经济发展的产业结构状况。该类指标值越大，说明该区域的产业结构越合理，经济发展水平越高，越有利于新型城镇化包容性发展水平的提高。

（2）开放水平。采用进出口总额占GDP的比重反映地区经济的对外开放程度，该指标值越大，说明该区域越开放，越有利于外部因素流入以推动该地区城镇化包容性发展。

（3）市场化程度。采用非国有经济投资占比反映一个地区的市场化水平，该指标值越大，说明该区域的市场发育程度越高，越有利于提高资源配置效率，推动新型城镇化包容性发展。

（4）创新发展。采用R&D经费支出占GDP的比重反映该地区企业对研发投入的重视，该指标值越大，说明该区域规模以上工业企业对科学技术的投入力度越大，说明该区域的科技发展状况越好，以科技创新推动企业、社会、国家发展进步，进而推动新型城镇化包容性发展。采用每万人专利授权量反映该地区的科技创新能力，该指标值越大，说明该区域的科技创新能力越强，越有助于产业的创新发展以及新型城镇化包容性发展的推进。

3. 社会包容性发展

社会包容性发展是新型城镇化包容性发展的基本保障，强调公共服务人人共享、基础设施高度完善，因此衡量社会包容性发展的状况要从公共服务与基础设施两个方面着手，具体指标选取如下：

（1）公共服务。具体包括科教文卫及基本社会保障性服务，人均教育投资存量、人均卫生等投资存量反映了国家对教育、卫生事业的投入情况，该类指标值越大，一方面说明国家对教育、卫生事业的重视程度越高；另一方面说明人们享有的公共服务越充分，社会包容性水平越高，越有利于推进新型城镇化包容性发展。采用单位建成区面积实现 GDP 反映城市建设过程中空间外扩产生的收入，该指标值越大，说明空间利用效率越高，带来的社会效益越大，越能促进社会包容性发展。医疗保险覆盖率反映社会医疗保险的普及率，养老保险覆盖率反映社会基本养老的保障程度，两者的值越大，说明医疗、养老等保障性服务的普及度越高，社会医疗保障与养老保障越完善，社会包容性发展水平越高。

（2）基础设施。采用人均城市道路面积来反映城市道路建设状况，该指标值越大，说明该地区交通网络系统越发达，人们出行的便利程度越高。每万人拥有公共交通车辆是衡量一个地区交通状况的重要指标，该指标值越大，说明该地区居民生活质量越高。每万人医疗卫生机构床位反映了一个地区居民就医的基本情况，是评价地区医疗水平高低的基本指标，该指标值越大，说明该地区基础医疗卫生水平越高。每万人城市道路照明灯是衡量一个地区城市居民生活公共基础设施建设状况的重要指标，该指标值越大，说明该地区居民的生活质量越高。公共供水普及率与燃气普及率是衡量一个地区居民生活设施建设状况的重要指标。该指标值越大，说明该地区居民的生活质量越高。

4. 城乡包容性发展

新型城镇化是城乡融合发展的城镇化，新型城镇化包容性发展的重要目标是缩小城乡差距、加大城乡联系、加快城乡融合进程。因此，衡量城乡包容性发展水平，要从城乡差距与城乡联系两个方面着手，具体指标选取如下：

（1）城乡差距。城乡差距可以从城乡收入、城乡消费两个方面来考察。城乡收入差距泰尔指数、城乡消费差距泰尔指数能反映城乡居民的收入、消费差距，该指标值越大，说明城乡收入、消费差距越大，进而表明城乡发展不协调。城乡医疗支出之比反映城乡居民在医疗支出上的差距，一方面体现了城乡居民支付医疗能力的差距，另一方面体现了城乡居民医疗补助力度的差距；城乡文娱支出之比反映了城乡居民在文化娱乐支出上的差距，一方面体现了城乡居民文化娱乐消费能力的差距，另一方面体现了城乡文化产业的差距。城镇恩格尔系数反映城镇居民食品支出的多少，农村恩格尔系数反映农村居民食品支出的多少，该类指标与城乡差距呈负相关关系，指标值越大表明城乡差距越大，越不利于城乡包容性发展。

（2）城乡联系。城乡联系采用公路密度与每万人客运周转量来衡量。公路密度反映城乡联系的交通便捷程度，该指标值越大表明城乡交通越便捷，越有利于城乡交流联系，有助于推动城乡包容性发展。每万人客运周转量在一定程度上客观地反映了城乡联系的紧密程度，该指标值越大，表明地区间联系越密切。

5. 生态包容性发展

新型城镇化包容性发展离不开生态包容性发展，应坚持以生态包容性发展推动新型城镇化包容性发展。本书通过资源能耗与生态保护两个方面的 7 个指标来衡量生态包容性发展水平。

（1）资源能耗。采用单位 GDP 电耗反映实现单位 GDP 的电力能耗大小，该指标值越小，表明该地区单位 GDP 产值的电力消耗越小，国民经济的投入产出效率越高。单位 GDP 废水排放总量反映实现单位 GDP 的废水输出大小，该指标值越小，说明该地区绿色 GDP 产值越高。单位 GDP 二氧化硫排放量反映实现单位 GDP 的污染物排放大小，该指标值越小，说明该地区生态环境越优良。综合来看，该类指标值越小，越有助于推动生态包容性发展。

（2）生态保护。城市生活垃圾无害化处理率反映了城市生态环境管理的成效。该指标值越大，说明城市生态环境管理的效果越明显，越有利于新型城镇化生态包容性发展。森林覆盖率反映森林资源量以及该地区的绿化程度。该指标值越大，说明该区域森林资源越丰富，越有助于生态环境和人居环境的改善，提升新型城镇化生态包容性发展水平。人均公园绿地面积反映一个地区的生态环境状况。该指标值越大，说明该地区的环境越适宜居住，居民居住质量越高，越有助于提升新型城镇化生态包容性发展水平。城市人口密度反映一个地区的人口稀疏程度，从提升投资效率的角度看，城市人口密度越高越好，但从生态学的角度看，城市人口密度并非越高越好。

三、与传统城镇化评价体系的区别

由于新型城镇化和传统城镇化在理论基础、发展目标、发展路径等方面存在显著的差异，本书从包容性发展视角出发构建的新型城镇化水平评价体系与前人构建的传统城镇化发展水平评价体系存在明显区别，具体表现在如表 4-2 所示的 3 个方面。

表 4-2　新型城镇化包容性发展与传统城镇化发展水平评价体系的区别

	传统城镇化	新型城镇化包容性发展
价值取向	以物为本	以人为本
评价标准	重点关注经济增量、社会生活设施完善和城镇人口规模扩张	城镇人口增加、人口就业、人口素质、经济发展、市场化水平、科技创新、公共服务完善、基础设施建设、城乡差距、城乡联系程度、资源节约、环境保护
评价指标	针对城市	考虑城乡融合发展

1. 价值取向

　　传统城镇化发展水平评价"以物为本",注重城镇人口的不断增加、城镇空间的持续外扩,忽略了城镇基础设施与公共服务的同步配套、新增城镇人口的就业等问题。从包容性发展视角出发构建的新型城镇化发展水平评价建立在以人为本的价值取向上,重视城乡协调发展,强调城乡居民共享城镇化发展成果,关注人口、经济、社会、城乡、生态多领域全面协调可持续发展。

2. 评价标准

　　传统城镇化发展水平评价体系以人口和土地规模化增加作为评价标准,仅从经济发展、社会发展、人口发展等方面建立评价指标。通过对指标分析可以看出,传统城镇化发展水平评价体系重点关注经济增量、社会生活设施完善和城镇人口规模扩张,忽视资源环境代价、设施有效配置、城乡协调发展等因素。本书从包容性发展视角出发构建的新型城镇化包容性发展水平评价基于多重视角和判断标准,不仅考虑了城镇人口增加、经济发展等因素,而且增加了人口就业、人口素质、市场化水平、科技创新、公共服务完善、基础设施建设、城乡差距、城乡联系程度、资源节约、环境保护等更能充分代表新型城镇化包容性发展内涵的指标,突出了新型城镇化包容性发展追求人的全面发展及经济、社会、生态、城乡可持续发展的判断标准。

3. 评价指标

　　由于评价指标是基于评价标准逐步分解而得的,因此指标选取在很大程度上受到了评价标准的影响。传统城镇化发展水平的评价指标基本上反映的是城镇人口、经济、设施发展等情况,没有凸显中央当前着力强调的新型城镇化与乡村振兴双轮驱动下城乡融合发展方针的落实和实施;新型城镇化包容性发展不仅考虑了反映城镇发展状况的基础指标,还增加了反映城乡包容性发展程度的指标。一类是反映城乡差距的指标,如城乡收入差距泰尔指数、城乡消费差距泰尔指数、城乡医疗支出之比、城乡文娱支出之比等指标；另一类是反映城乡联系紧密程度的指标，如公路密度、人均客运周转量等。

第四节　新型城镇化包容性发展水平评价标准

对新型城镇化包容性发展水平进行评价，除了要建立相对系统科学的评价体系外，还要确定评价标准，即用什么基准值来衡量新型城镇化包容性发展水平。新型城镇化包容性发展水平评价是基于目标实现程度的评价，需要设定目标值来考察不同地区新型城镇化包容性发展水平的状况和差距。

一、评价标准确定的方法

本书主要采用以下3个方法确定，新型城镇化包容性发展水平评价标准：

1. 参考国家政策文件中设定的与新型城镇化包容性发展相关的评价标准

新型城镇化包容性发展最终的目标是实现人口、经济、社会、城乡、生态全方位、多领域协调可持续发展，这与全面建成小康社会的目标相契合，应该满足良好人居环境、宜居城市的标准。因此，本书参考《国家新型城镇化规划（2014—2020年）》《中国人居环境奖评价指标体系》《全国县级文明城市测评体系（2021年版）》《全面建设小康社会统计监测指标体系》等与新型城镇化包容性发展相关的评价标准，选取各项指标的最高值或最低值作为新型城镇化包容性发展水平评价的目标值。

2. 基于指标统计的全国平均水平值设定评价标准

本书选取的部分指标目前还没有相关的研究和标准做支撑，只能获得全国及各地方的统计数据，同时我国地方差异性很大，如部分发达地区在某个方面的水平较高，而其他地区在这个方面的水平还较低，所以为建立一个具有相对普适性、又高要求的指标标准，本书在标准值的设定上参考了2004~2020年全国统计的平均水平值，并以高于或低于全国平均水平10%的标准作为新型城镇化包容性发展水平评价指标的目标值。

3. 参考部分国家、城市的经验值

2007年成都获批设立全国统筹城乡发展综合配套改革试验区，近年来成都在城乡改革发展方面成为全国各地学习的典范，所以"养老保险覆盖率"这一指标的标准主要参考成都的经验值确定。例如"城镇人口占城镇人口的比重"这一指标的标准，主要借鉴德国和美国的经验，其小城镇总人口占城镇人口的比重已达到了70%和65%，综合考虑我国的实际情况，适当降低该标准，最终确定人口城镇化率为60%。同时，"公路网密度"这一指标的目标值也是参考国外发达国家的平均水平确定的。

二、新型城镇化包容性发展水平评价标准设定

通过以上3种方法，本书设定了如表4-3所示的新型城镇化包容性发展水平评价标准。

表4-3　新型城镇化包容性发展水平评价标准

指标层	标准值	参考依据
人口城镇化率	≥60%	《国家新型城镇化规划（2014—2020年）》
城镇登记失业率	≤4.3%	《中国人居环境奖评价指标体系》
第三产业就业率	≥40.49%	高于全国均值10%
城镇就业率	≥42.88%	高于全国均值10%
受教育年限	≥10.5年	《全面建设小康社会统计监测指标体系》
每十万人高等学校平均在校人数	≥2505人	高于全国均值10%
人均GDP	≥31400元	《全面建设小康社会统计监测指标体系》
第三产业产值占GDP的比重	≥50%	《全面建设小康社会统计监测指标体系》
产业结构	≥3.11	高于全国均值10%
进出口总额占GDP的比重	≥31.23%	高于全国均值10%
非国有经济投资占比	≥76.38%	高于全国均值10%
R&D经费支出占GDP的比重	≥2.5%	《全面建设小康社会统计监测指标体系》
每万人专利授权量	≥6.27项	高于全国均值10%
人均教育投资存量	≥2198.31元	高于全国均值10%
单位建成区面积实现GDP	≥11.93亿元/平方千米	高于全国均值10%
人均卫生等投资存量	≥887.02元	高于全国均值10%
医疗保险覆盖率	98%	《国家新型城镇化规划（2014—2020年）》
养老保险覆盖率	100%	参考成都公布的该项指标值
人均城市道路面积	≥12平方米	参照国际上现代化城市的标准
每万人拥有公共交通车辆	12.73辆	高于全国均值10%

指标层	标准值	参考依据
每万人医疗卫生机构床位	≥40 张	《中国人居环境奖评价指标体系》
每万人城市道路照明灯	≥306 盏	高于全国均值 10%
公共供水普及率	≥95%	《中国人居环境奖评价指标体系》
燃气普及率	≥98%	《中国人居环境奖评价指标体系》
城乡收入差距泰尔指数	≤0.39	低于全国均值 10%
城乡消费差距泰尔指数	≤0.35	低于全国均值 10%
城乡医疗支出之比	≤2.18	低于全国均值 10%
城乡文娱支出之比	≤2.42	低于全国均值 10%
城镇恩格尔系数	≤36%	《中国人居环境奖评价指标体系》
农村恩格尔系数	≤36%	《中国人居环境奖评价指标体系》
公路密度	≥50 千米/万人	参照中等发达国家的标准
每万人客运周转量	≥0.17 次	高于全国均值 10%
单位 GDP 电耗	≤1245.18 千瓦·时/万元	低于全国均值 10%
单位 GDP 废水排放总量	≤18 吨/万元	低于全国均值 10%
单位 GDP 二氧化硫排放量	≤9.705 千克/万元	低于全国均值 10%
城市生活垃圾无害化处理率	高于全国平均值 20%	《中国人居环境奖评价指标体系》
森林覆盖率	≥33.85%	高于全国均值 10%
人均公园绿地面积	≥12 平方米	《全国县级文明城市测评体系（2021 年版）》
城市人口密度	≥10000 人/平方千米	《中国人居环境奖评价指标体系》

注：全国均值是 2004~2020 年各个省份相应指标统计数据的均值。

第五节　新型城镇化包容性发展水平评价方法和指标权重确定

目前，学术界使用的综合测度新型城镇化包容性发展水平的方法有很多，主要分为主观赋权法和客观赋权法两大类。主观赋权法主要包括层次分析法、模糊综合评价法等，客观赋权法主要包括熵权法、主成分分析法等。每种测度方法都有优缺点，前文已详细叙述，此处不再赘述。主观赋权法最大的缺点在于其具有主观性，测度结果的合理性程度受测度人的专业水平影响较大，随意性较强，而客观赋权法则不存在这一问题。此外，考虑到主成分分析法对本书研究的适用性及其自身存在的缺陷，本书选用熵权法确定新型城镇化包容性发展水平评价指标的权重，结合均值标准化法对数据进行处理，然后对新型城镇化包容性发展水平进行综合测度。后续章节中新型城镇化包容性发展水平的测度均采取这个思路进行。

第五章
新型城镇化包容性发展
水平测度及动力机制分析

本章基于第四章构建的新型城镇化包容性发展水平评价体系进行实证分析。首先，对我国30个省份（不包括港澳台，西藏数据缺失也未纳入研究）（下同）的新型城镇化包容性发展水平进行测度；其次，利用核密度估计、马尔可夫链分析法对测度结果进行区域差异评价、时空演进分析；再次，引进空间要素并利用空间计量模型对新型城镇化包容性发展的动力机制进行分析；最后，对研究方法的合理性及普适性进行探究。

第一节　新型城镇化包容性发展水平测度

一、研究对象选取与数据来源

考虑到指标选取的代表性及数据的可获取性，本书以 2004~2020 年为研究时间段，选取我国 30 个省份为研究对象，结合表 4-1 构建的新型城镇化包容性发展水平评价体系，对我国省域新型城镇化包容性发展水平进行综合测度。部分指标依据如下：

1. 产业结构水平

由于三次产业之间的劳动生产效率存在一定的差异，本书基于李逢春（2012）的产业结构升级水平衡量方法，通过对各产业劳动生产率取根号进行修正，分别乘以各产业增加值占当年地区 GDP 的比重后再求和，具体公式为：

$$CS = \sum \sqrt{L_i} \times R_i, \quad i = 1, 2, 3 \tag{5-1}$$

其中，R_i 为三次产业从业人数分别占三次产业增加值的比例，L_i 是三次产业增加值分别占当年地区 GDP 的比重。

2. 公共投资存量的大小可以衡量某一地区的建设能力、新型城镇化包容性发展的动力

本书采用 Goldsmith（1951）提出的永续盘存法进行测算，具体公式为：

$$K_{it} = K_{it-1}(1-\eta) + I_{it} \tag{5-2}$$

其中，K_{it} 为 i 地区第 t 年的公共投资存量，I_{it} 为 i 地区第 t 年的公共投资流量，η 为资本折旧率。目前，学界对测算物质资本存量时选择的资本折旧率并未做出统一规定，本书采用的我国教育投资、医疗投资资本折旧率为 9.2%。同时，采用各地区固定资产投资价格指数对其进行平减折算，以消除通货膨胀带来的影响。

3. 城乡收入、消费差距泰尔指数越大，表示差距越大

彭定赟和陈玮仪（2014）指出，在测算中有时不同组别的计算结果符号相反，正负加和抵消缩减了实际差异的量度，因此构建修正的泰尔指数，具体公式为：

$$CTHEIL = \sum_{i=1}^{2} \left| P_i \times \ln(P_i / Q_i) \right| \tag{5-3}$$

其中，i 为分组变量，i = 1 为城市组，i = 2 为农村组；P_i 为 i 组收入在城乡总收入中的份额；Q_i 为 i 组人口在城乡总人口中的份额。收入份额主要利用省内城镇、农村人口及人均可支配收入进行衡量，由于 2013 年前（含 2013 年）我国主要统计人均纯收入，2013 年后才开始统计人均可支配收入，为保证数据统计口径的一致性和连续性，本书利用 2013 年人均可支配收入与人均纯收入的比率对 2013 年前人均纯收入数据进行调整，得到估计的人均可支配收入数据。消费数据同理得到。

本章的数据来源于《中国城市统计年鉴》《中国人口和就业统计年鉴》《中国统计年鉴》和 30 个省份的统计年鉴，部分数据由笔者根据统计年鉴中的原始数据加工整理获得。

二、新型城镇化包容性发展水平测度及结果

由于对指标进行主观性赋权易受到非客观因素的影响，造成评价结果与实际具有较大偏差，所以本书采用能够克服人为主观性的熵权法来客观地确定指标的权重，对所有原始数据进行均值标准化处理以消除价格通胀的影响，运用综合评

价法确定各省份新型城镇化包容性发展水平的得分，如表 5-1 所示。

表 5-1　2004~2020 年我国 30 个省份新型城镇化包容性发展水平的得分①

年份 地区	2004	2006	2008	2010	2012	2013	2014	2015	2016	2017	2018	2019	2020
北京	1.162	1.173	1.339	1.394	1.496	1.526	1.569	1.630	1.829	2.153	2.968	3.664	3.824
天津	1.126	1.133	1.154	1.193	1.346	1.394	1.438	1.488	1.555	1.575	1.605	1.629	1.774
河北	0.596	0.641	0.698	0.765	0.839	0.851	0.890	0.917	0.948	0.991	1.046	1.100	1.185
辽宁	0.799	0.838	0.918	0.986	1.059	1.094	1.123	1.121	1.105	1.147	1.175	1.200	1.259
上海	1.217	1.274	1.297	1.333	1.395	1.465	1.459	1.497	1.549	1.794	1.930	2.167	2.475
江苏	0.904	0.960	1.054	1.158	1.284	1.283	1.302	1.361	1.396	1.455	1.509	1.554	1.721
浙江	0.896	0.935	1.053	1.144	1.250	1.271	1.303	1.356	1.391	1.429	1.515	1.570	1.685
福建	0.822	0.804	0.889	0.953	1.054	1.066	1.122	1.163	1.209	1.298	1.406	1.466	1.624
山东	0.714	0.785	0.866	0.937	1.027	1.031	1.064	1.085	1.115	1.166	1.196	1.250	1.374
广东	0.929	0.942	1.066	1.121	1.215	1.176	1.232	1.259	1.297	1.389	1.487	1.536	1.622
海南	0.709	0.760	0.993	0.917	1.023	0.978	1.010	1.034	1.088	1.130	1.171	1.227	2.866
东部	**0.898**	**0.931**	**1.030**	**1.082**	**1.181**	**1.194**	**1.228**	**1.265**	**1.316**	**1.412**	**1.546**	**1.669**	**1.946**
山西	0.591	0.635	0.686	0.757	0.840	0.855	0.885	0.898	0.920	0.947	0.978	1.006	1.051
内蒙古	0.689	0.752	0.781	0.826	0.919	0.939	0.991	1.012	1.045	1.066	1.084	1.120	1.171
吉林	0.689	0.719	0.779	0.852	0.934	0.948	0.982	1.007	1.051	1.086	1.174	1.199	1.253
黑龙江	0.761	0.700	0.750	0.817	0.889	0.926	0.956	0.972	1.009	1.052	1.084	1.123	1.202
安徽	0.585	0.632	0.698	0.784	0.897	0.898	0.967	0.991	1.026	1.088	1.171	1.348	1.251
江西	0.672	0.702	0.781	0.838	0.906	0.914	0.967	1.000	1.038	1.084	1.134	1.184	1.282
河南	0.582	0.620	0.656	0.721	0.808	0.831	0.888	0.919	0.969	1.048	1.116	1.189	1.305
湖北	0.680	0.696	0.762	0.832	0.937	0.945	1.021	1.047	1.097	1.148	1.243	1.365	1.438
湖南	0.629	0.665	0.721	0.785	0.876	0.892	0.961	0.995	1.034	1.088	1.150	1.235	1.340
中部	**0.653**	**0.680**	**0.735**	**0.801**	**0.889**	**0.905**	**0.958**	**0.982**	**1.021**	**1.067**	**1.126**	**1.197**	**1.255**
广西	0.613	0.631	0.670	0.733	0.818	0.810	0.862	0.902	0.950	1.012	1.047	1.124	1.689
重庆	0.618	0.663	0.773	0.852	1.010	0.996	1.066	1.104	1.148	1.174	1.231	1.271	1.304
四川	0.782	0.639	0.707	0.783	0.893	0.883	0.927	0.961	1.000	1.052	1.118	1.183	1.256

① 按照国家统计局 2003 年发布的划分标准：东部地区包括北京、天津、河北、辽宁、上海、江苏、浙江、福建、山东、广东、海南 11 个省份，中部地区包括山西、内蒙古、吉林、黑龙江、安徽、江西、河南、湖北、湖南 9 个省份，西部地区包括重庆、四川、贵州、云南、广西、西藏、陕西、甘肃、青海、宁夏、新疆 11 个省份。

续表

年份 地区	2004	2006	2008	2010	2012	2013	2014	2015	2016	2017	2018	2019	2020
贵州	0.505	0.517	0.557	0.625	0.705	0.743	0.784	0.821	0.870	0.933	1.015	1.131	1.193
云南	0.657	0.566	0.637	0.689	0.738	0.738	0.803	0.813	0.860	0.899	0.950	0.994	1.045
陕西	0.629	0.672	0.761	0.848	0.974	1.001	1.061	1.071	1.115	1.161	1.221	1.276	1.338
甘肃	0.499	0.529	0.598	0.648	0.730	0.742	0.799	0.813	0.852	0.905	0.938	0.971	0.996
青海	0.571	0.617	0.673	0.704	0.796	0.786	0.822	0.848	0.883	0.925	0.963	1.022	1.064
宁夏	0.808	0.636	0.730	0.819	0.871	0.879	0.926	0.955	0.997	1.075	1.098	1.132	1.176
新疆	0.854	0.658	0.726	0.766	0.824	0.844	0.884	0.887	0.910	0.966	0.992	1.037	1.080
西部	**0.654**	**0.613**	**0.683**	**0.747**	**0.836**	**0.842**	**0.893**	**0.918**	**0.959**	**1.010**	**1.057**	**1.114**	**1.214**
全国	**0.743**	**0.750**	**0.826**	**0.886**	**0.978**	**0.990**	**1.035**	**1.064**	**1.109**	**1.175**	**1.257**	**1.342**	**1.495**

注：限于篇幅省略了 2005 年、2007 年、2009 年、2011 年的数据。

第二节　新型城镇化包容性发展水平
区域差异评价及时空演进分析

事实上，由于东部地区、中部地区和西部地区在经济基础、产业结构、社会发展和生态条件等方面具有显著非均衡性，所以不同省份新型城镇化包容性发展水平必然存在地区差异。客观揭示新型城镇化包容性发展水平的地区差异，并对其分布的时空演进规律进行深入探究，对制定和实施稳健均衡的新型城镇化政策具有重大意义。

一、新型城镇化包容性发展水平区域差异评价

为了更直观地对比我国不同省份新型城镇化包容性发展水平，本书根据如表 5-1 所示的 2004~2020 年全国、东部地区、中部地区与西部地区的新型城镇化包容性发展水平得分，绘制了我国新型城镇化包容性发展态势图（见图 5-1）。

由图 5-1 可知，我国新型城镇化包容性发展水平在 2004~2020 年逐步递增，说明近年来我国在推进新型城镇化包容性发展方面取得了一定成果，但就

区域平均得分来看，各区域的新型城镇化包容性发展水平存在明显的差距，东部地区的新型城镇化包容性发展水平远高于中部地区和西部地区，中部地区略优于西部地区，且中西部差距存在收敛趋势，这与各区域间的经济社会发展状况大致吻合。

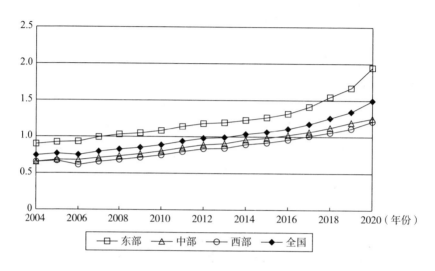

图5-1 2004~2020年我国新型城镇化包容性发展态势

本书以上文计算得到的新型城镇化包容性发展水平分值为基础数据，选择当前学术界广泛应用的高斯核函数，利用Stata软件，分别估计出2004~2020年全国、东部地区、中部地区、西部地区新型城镇化包容性发展水平分布的密度函数。为了便于分析，选取2004年、2008年、2012年、2016年与2020年的数据进行估计，通过比较不同时期区域间新型城镇化包容性发展水平核密度曲线的变化情况，探寻我国新型城镇化包容性发展水平的区域差异。

图5-2是采用高斯核函数绘制的我国新型城镇化包容性发展水平分布的核密度图，图中从左至右分别呈现了2004年、2008年、2012年、2016年及2020年的核密度函数曲线。相比2008年，2012年与2020年曲线的右移幅度有所增大，表明这段时期我国新型城镇化包容性发展水平的提升速度相对较快，这是由于2007年以来我国出台了"新型城镇化"等一系列推进城镇化发展的政策。从核密度曲线波峰的变化情况来看，考察期内五个年份曲线的波峰分布日趋扁平，2004年与2008年核密度曲线右下角的次峰在2012年趋于变大，在2016年呈现出双峰结构，并且2020年两端拖尾跨度变大，这表明我国

新型城镇化包容性发展水平的区域差异在逐渐扩大，省际间的极化现象较为严重，这与多年来经济发达地区日趋注重包容性发展，而欠发达地区的包容性发展未得到重视有很大关系。

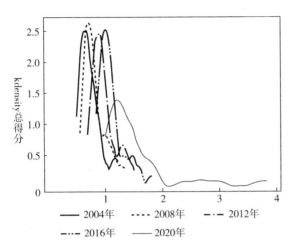

图 5-2 全国新型城镇化包容性发展水平的核密度

2004~2020 年，我国东部地区新型城镇化包容性发展水平整体在不断提高，远远高于全国新型城镇化包容性发展水平，这与经济发展水平相适应。我国东部地区省域新型城镇化包容性发展水平的均值由 2004 年的 0.898 增长到 2020 年的 1.946，全国省际新型城镇化包容性发展水平的均值由 2004 年的 0.743 增长到 2020 年的 1.495，2020 年的省际新型城镇化包容性发展水平均值远远低于东部地区。由图 5-3 所示的核密度曲线的分布来看，从 2012 年开始核密度曲线波峰分布趋于扁平、两端的拖尾跨度逐渐变大，说明我国新型城镇化包容性发展水平的差异日趋变大，东部地区省际间的极化现象日趋严重。2008 年、2012 年出现的双峰结构在 2016 年消失，整体分布位置大幅右移，这是由于近年来新型城镇化政策的落实以及试点工作的展开，推进了部分省份的城镇化包容性发展，2008 年以来省际分配明显不均的差异状态日趋加大，东部地区内部发展不均衡问题亟待解决。

2004~2020 年，我国中部地区新型城镇化包容性发展水平整体在逐年递增，尤其是 2016~2020 年得到了很大的提高，由 2004 年的 0.653 增长到 2020 年的 1.255，但是仍远远低于东部地区新型城镇化包容性发展水平，甚至部分省份低于全国以及西部地区的城镇化包容性发展水平。这是由于中部地区经济发展落后于东部发达地区，产业结构日趋不合理，且与西部地区相比大多数

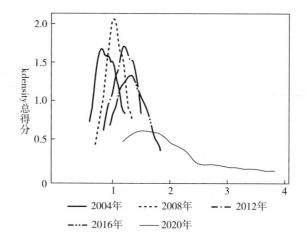

图 5-3　东部地区新型城镇化包容性发展水平的核密度

是人口大省，人均公共服务基础设施水平不高，资源环境未得到充分有效利用。由图 5-4 可知，2008 年、2012 年与 2016 年的核密度曲线分布有较大差异，峰度大幅上升，双尾跨度加大，这表明中部地区各省份的包容性发展水平不一。这是由于部分省份抓住发展机遇，得到了较大的发展。2020 年核密度曲线的峰度下降态势、右侧拖尾的扩大幅度尤其明显，这是由于近年来随着《国家新型城镇化规划（2014—2020 年）》的出台以及试点工作的展开，地区间在新型城镇化包容性发展方面出现了两极分化现象。

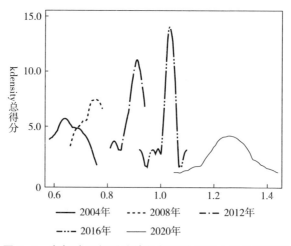

图 5-4　中部地区新型城镇化包容性发展水平的核密度

2004~2020年，我国西部地区新型城镇化包容性发展的水平整体在不断提高，由2004年的0.654增长到2020年的1.214，略微低于全国新型城镇化包容性发展水平，波峰逐渐趋缓，两端拖尾扩大，表明区域间的差异不断扩大。这与西部地区经济欠发达，人口资源禀赋不足，没有有效利用生态环境资源密切相关，如图5-5所示。

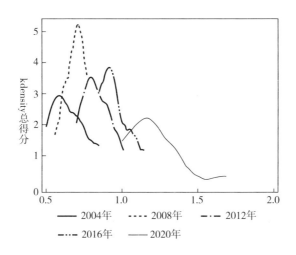

图5-5 西部地区新型城镇化包容性发展水平的核密度

二、新型城镇化包容性发展水平时空演进分析

核密度曲线直观地反映了新型城镇化包容性发展水平分布的区域差异，但无法更加具体地探究其内部状态的变化概率与趋势走向，故本书引入马尔可夫链分析法进一步探究其动态的变化情况。根据我国2004~2020年新型城镇化包容性发展水平的相对大小将新型城镇化包容性发展水平划分为互不交叉且完备的4种状态类型：相对低水平（Ⅰ）、相对中低水平（Ⅱ）、相对中高水平（Ⅲ）与相对高水平（Ⅳ）状态，所对应的新型城镇化包容性发展水平区间分别为：（0，0.78]、（0.78，0.95]、（0.95，1.15]、（1.15，3.82]，采用四分位法求得每组区间的观测值数在考察期内各约占总观测值的25%。

2004年，我国中部地区与西部地区（除宁夏、新疆、四川外）的各个省份的新型城镇化包容性发展水平处于相对低水平（Ⅰ）状态；而辽宁、浙江、江苏、福建、广东、四川、宁夏、新疆处于相对中低水平（Ⅱ）状态；处于相对中高水平（Ⅲ）状态的是天津；只有北京和上海处于相对高水平（Ⅳ）状态，反映出我国城镇化发展起步晚，且不同区域间具有较大的差异。

2008年，内蒙古、江西处于相对中低水平（Ⅱ）状态，其他中西部地区的省份仍处于相对低水平（Ⅰ）状态；东部地区新型城镇化包容性发展水平仅有河北处于相对低水平（Ⅰ）状态，辽宁、福建、山东处于相对中低水平（Ⅱ）状态，江苏、浙江、广东、海南处于相对中高水平（Ⅲ）状态，除了北京和上海外，天津也处于相对高水平（Ⅳ）状态。

2012年，仅有贵州、云南、甘肃三个省份的新型城镇化包容性发展水平处于相对低水平（Ⅰ）状态；东部地区除了河北处于相对中低水平（Ⅱ）状态外，辽宁、福建、山东与海南处于相对中高水平（Ⅲ）状态，其他省份全部处于相对高水平（Ⅳ）状态；中部地区均处于相对中低水平（Ⅱ）状态；西部地区除重庆与陕西处于相对中高水平（Ⅲ）状态外，其他省份处于相对中低水平（Ⅱ）状态。

2016年，我国30个省份的新型城镇化包容性发展水平都摆脱了相对低水平（Ⅰ）状态，均处于相对中高水平（Ⅲ）与相对高水平（Ⅳ）状态，一半以上的省份处于相对中高水平（Ⅲ）状态。其中，东部地区除了河北处于相对中低水平（Ⅱ）状态，辽宁、山东与海南处于相对中高水平（Ⅲ）状态，其他省份全部处于相对高水平（Ⅳ）状态；中部地区山西位于相对中低水平（Ⅱ）状态，其他省份处于相对中高水平（Ⅲ）状态；西部地区的贵州、云南、甘肃、青海与新疆处于相对中低水平（Ⅱ）状态，广西、重庆、四川、陕西与宁夏处于相对中高水平（Ⅲ）状态。

2020年，我国30个省份的新型城镇化包容性发展水平都摆脱了相对低水平（Ⅰ）与相对中低水平（Ⅱ）状态，均处于相对中高水平（Ⅲ）与相对高水平（Ⅳ）状态，一半以上省份处于相对高水平（Ⅳ）状态。其中，东部地区均处于相对高水平（Ⅳ）状态；中部地区仅有山西未处于相对高水平（Ⅳ）状态；西部地区的云南、甘肃、青海与新疆处于相对中高水平（Ⅲ）状态，广西、贵州、重庆、四川、陕西与宁夏处于相对高水平（Ⅳ）状态。

表5-2为2004～2020年我国30个省份新型城镇化包容性发展水平相对状态的变化情况。

由表5-2可知，随着时间的推移，在考察期内我国各省份的新型城镇化包容性发展水平均在向相对中高水平（Ⅲ）状态或相对高水平（Ⅳ）状态演进；从空间横向分布来看，我国新型城镇化包容性发展水平与当地的经济发展质量、

表 5-2 2004~2020 年我国 30 个省份新型城镇化包容性发展水平相对状态的变化情况

省份	Ⅰ	Ⅱ	Ⅲ	Ⅳ	省份	Ⅰ	Ⅱ	Ⅲ	Ⅳ
北京	0	0	0	17	河南	8	4	3	2
天津	0	0	5	12	湖北	5	5	4	3
河北	7	6	3	1	湖南	6	4	4	3
山西	7	7	3	0	广东	0	2	5	10
内蒙古	4	6	6	1	广西	8	4	4	1
辽宁	0	6	8	3	海南	3	1	10	3
吉林	4	6	4	3	重庆	5	3	5	4
黑龙江	5	5	6	1	四川	4	7	4	2
上海	0	0	0	17	贵州	10	4	2	1
江苏	0	2	4	11	云南	10	5	2	0
浙江	0	3	4	10	陕西	5	3	5	4
安徽	6	4	4	3	甘肃	10	5	2	0
福建	0	6	5	6	青海	8	6	3	0
江西	4	6	5	2	宁夏	4	7	5	1
山东	2	5	6	4	新疆	5	8	4	0

社会进步程度、资源环境状况以及人口情况具有明显的相关性，经济发达省份的新型城镇化包容性发展水平多数时期处于相对中高水平（Ⅲ）状态或相对高水平（Ⅳ）状态，如北京、天津、上海、广东等省市在经济、政策、文化、科技、教育等方面具有比较优势，产业结构优先升级，集聚了大量的教育人才，科研水平高，城市基础设施完善，促使其城镇化包容性发展水平较高，不仅能够带动本地区的经济、人口、社会等全面、协调、可持续发展，而且能够辐射周边地区，提升周边地区的城镇化包容性发展水平，最终达到区域协调发展、缩小地区发展差距的目的。经济欠发达省份的新型城镇化包容性发展水平往往处于相对低水平（Ⅰ）状态或相对中低水平（Ⅱ）状态。这是由于经济欠发达省份的资源不足且没有外来资金注入，发展较为缓慢且不包容。

基于马尔可夫链原理分别计算得出全国30个省份以及东、中、西部三大地区的新型城镇化包容性发展水平的马尔可夫链转移概率矩阵，如表5-3所示。

表5-3 2004~2013年、2014~2020年的新型城镇化包容性发展水平
马尔可夫链转移概率矩阵

地区	t/t+1	2004~2013年				2014~2020年			
		I	II	III	IV	I	II	III	IV
全国	I	0.843	0.150	0.008	0.000	0.000	0.000	0.000	0.000
	II	0.049	0.827	0.123	0.000	0.000	0.676	0.324	0.000
	III	0.000	0.061	0.788	0.152	0.000	0.000	0.765	0.235
	IV	0.000	0.000	0.034	0.966	0.000	0.000	0.000	1.000
东部	I	0.750	0.167	0.083	0.000	0.000	0.000	0.000	0.000
	II	0.000	0.704	0.296	0.000	0.000	0.667	0.333	0.000
	III	0.000	0.065	0.774	0.161	0.000	0.000	0.667	0.333
	IV	0.000	0.000	0.034	0.966	0.000	0.000	0.000	1.000
中部	I	0.800	0.200	0.000	0.000	0.000	0.000	0.000	0.000
	II	0.032	0.968	0.000	0.000	0.000	0.667	0.333	0.000
	III	0.000	0.000	0.000	0.000	0.000	0.000	0.789	0.211
	IV	0.000	0.000	0.000	0.000	0.000	0.000	0.000	1.000
西部	I	0.894	0.106	0.000	0.000	0.000	0.000	0.000	0.000
	II	0.136	0.773	0.091	0.000	0.000	0.667	0.333	0.000
	III	0.000	0.000	1.000	0.000	0.000	0.000	0.793	0.207
	IV	0.000	0.000	0.000	0.000	0.000	0.000	0.000	1.000

表5-3进一步反映了我国新型城镇化包容性发展水平在《国家新型城镇化规划（2014—2020年）》出台前后的内部动态演变特征。

分析2004~2013年的情况可知：处于主对角线位置的各个数据均大于非对角线上的各个数据，表明全国各省份新型城镇化包容性发展水平保持原有发

展水平的可能性要大于发生状态转移的可能性，在状态分布上具有一定的固态性，使状态转移的可能性减弱。全国新型城镇化包容性发展水平呈现不同的发展态势，存在由相对中低水平（Ⅰ）状态向上转移和跨水平向上转移的可能，这与东部地区有从相对低水平（Ⅰ）状态向相对中高水平（Ⅲ）状态跨越转移的可能密切相关，东部地区从相对低水平（Ⅱ）状态向上转移的可能大于中部与西部地区，从而提高了全国新型城镇化包容性发展水平向上转移的可能；全国新型城镇化包容性发展水平既存在从相对中高水平（Ⅲ）状态向上转移的可能（15.2%）又存在从相对中高水平（Ⅲ）状态向下转移的概率（6.1%），这与东部地区和西部地区各个省份的发展状态相关，说明 2004～2013 年全国新型城镇化包容性发展状态不存在明显的固化现象；中部地区新型城镇化包容性发展水平的相对中高水平（Ⅲ）状态向上转移的概率为零，是由于中部地区从 2017 年开始才出现有相对高水平状态的省份。

　　分析 2014～2020 年的情况可知，各地区第一行数据全部为零，是由于从 2014 年开始我国各省份都脱离了相对低水平（Ⅰ）状态。这一时期全国及各区域位于主对角线的数据都大于非对角线上的数据，各个地区的水平状态也仅向上转移，东、中、西部地区发展水平的相对中低水平（Ⅱ）状态转移为相对中高水平（Ⅲ）状态的概率均是 33.3%，这表明与前一时期相比，此时期东、中、西部地区各省域新型城镇化包容性发展水平发生状态转移的可能性显著增大，这与 2014 年以来我国各地区响应落实新型城镇化政策密切相关。此外，各区域新型城镇化包容性发展水平不存在向下转移与跨状态转移的可能。

　　表 5-4 给出的信息表明我国的新型城镇化包容性发展水平将长期处于相对高水平（Ⅳ）状态，无论是东部地区还是中西部地区，大量存在于初始分布中的相对低水平（Ⅰ）、相对中低水平（Ⅱ）、相对中高水平（Ⅲ）状态消失于稳态分布中，而相对高水平（Ⅳ）状态由初始分布中的低占比提升到独占地位。尤其是中西部地区新型城镇化包容性发展水平在初始分布中集于中相对低水平（Ⅰ）状态，但在稳态分布中趋于相对高水平（Ⅳ）状态。可见，在考察期内相对低水平（Ⅰ）、相对中低水平（Ⅱ）、相对中高水平（Ⅲ）状态具有不稳定性，相对高水平（Ⅳ）状态比较稳定。因此可以预期，随着我国新型城镇化建设的进一步推进，未来一段时期我国各省域的新型城镇化包容性发展水平将普遍达到相对高水平（Ⅳ）状态，从而进入高质量城镇化发展阶段。

表5-4　新型城镇化包容性发展水平的初始分布与稳态分布

地区	t/t+1	I	II	III	IV
全国		0.633	0.267	0.033	0.067
东部	初始分布	0.273	0.455	0.091	0.182
中部		1.000	0.000	0.000	0.000
西部		0.700	0.300	0.000	0.000
全国		0.001	0.004	0.047	0.948
东部	稳态分布	0.000	0.008	0.056	0.936
中部		0.000	0.000	0.000	1.000
西部		0.000	0.000	0.000	1.000

第三节　新型城镇化包容性发展动力机制分析

基于新型城镇化包容性发展水平存在区域差异性这一事实，研究新型城镇化包容性发展的动力机制具有重要意义，有助于分析未来新型城镇化包容性发展的态势。

一、空间相关性检验

1. 建立空间权重矩阵

目前，空间经济学主要使用三种空间权重矩阵设定方法，分别是空间0-1权重矩阵、空间地理距离和经济距离权重矩阵。由于经济距离权重矩阵需要引入更加复杂的元素致使其不易解释，本书采用更具有普遍意义的空间0-1权重矩阵及空间地理距离权重矩阵，通过引进两个权重矩阵进行对比分析来检验结果的稳健性。

其中，空间0-1权重矩阵根据地理边界是否相邻来设定，定义如下：

$$W_{ij} \begin{cases} 1 & \text{当 i 地区与 j 地区相邻} \\ 0 & \text{当 i 地区与 j 地区不相邻} \end{cases}$$

空间地理距离权重矩阵按两个地区之间地表距离的倒数来设定，定义如下：

$$W_{ij} \begin{cases} 1/d_{ij} & \text{当 i 地区与 j 地区相邻} \\ 0 & \text{当 i 地区与 j 地区不相邻} \end{cases}$$

2. 采用莫兰指数进行空间相关性检验

基于上述两种权重矩阵，采用全局莫兰指数（Moran's I)[1]对各省份新型城镇化包容性发展水平的空间相关性进行检验。利用 Stata 计算得出 2004～2020 年新型城镇化包容性发展水平的全局莫兰指数（见表 5-5）。

表 5-5　2004～2020 年我国新型城镇化包容性发展水平的全局莫兰指数

年份	空间 0-1 权重矩阵			空间地理距离权重矩阵		
	Moran's I	Z 值	p 值	Moran's I	Z 值	p 值
2004	0.238**	2.225	0.013	0.296***	3.477	0.000
2005	0.258***	2.382	0.009	0.313***	3.649	0.000
2006	0.461***	4.071	0.000	0.396***	4.562	0.000
2007	0.487***	4.242	0.000	0.344***	3.966	0.000
2008	0.476***	4.163	0.000	0.345***	3.989	0.000
2009	0.471***	4.122	0.000	0.348***	4.022	0.000
2010	0.467***	4.088	0.000	0.372***	4.274	0.000
2011	0.460***	4.031	0.000	0.362***	4.164	0.000
2012	0.454***	3.973	0.000	0.365***	4.184	0.000
2013	0.458***	4.016	0.000	0.399***	4.558	0.000
2014	0.442***	3.883	0.000	0.400***	4.568	0.000
2015	0.460***	4.041	0.000	0.405***	4.627	0.000
2016	0.452***	4.022	0.000	0.404***	4.676	0.000
2017	0.417***	3.823	0.000	0.374***	4.456	0.000
2018	0.345***	3.440	0.000	0.312***	4.049	0.000
2019	0.294***	3.131	0.001	0.268***	3.715	0.000
2020	0.309***	2.974	0.001	0.236***	3.017	0.001

注：**、***分别代表 5%、1% 的显著性水平。

由表 5-5 可知，基于两种权重矩阵测得的 2004～2020 年我国新型城镇化包容性发展水平的全局莫兰指数均大于 0，且数值在整体上呈现逐渐增大的趋

---

[1]　全局莫兰指数公式为：$\text{Moran's I} = \dfrac{n \sum_{i=1}^{n} \sum_{j=1}^{n} w_{ij}(x_i - \bar{x})(x_j - \bar{x})}{\sum_{i=1}^{n} \sum_{j=1}^{n} w_{ij} \sum_{i=1}^{n}(x_i - \bar{x})^2}$。其中，$x_i$ 为地区观测值，w_{ij} 为要素 i 与 j 的空间权重。

势，说明我国各省份新型城镇化包容性发展水平趋于空间集聚，具有明显的空间正相关性，形成了强烈的空间依赖格局。

图 5-6 是 2019 年和 2020 年我国新型城镇化包容性发展水平的莫兰散点图，体现的是局部莫兰指数的集聚效应，30 个省份主要集中于第一、第三象限，即各省份的新型城镇化包容性发展水平呈现出高—高集聚和低—低集聚的分布状态，表明我国各省份的新型城镇化包容性发展水平在空间分布上存在较明显的正空间相关性，这意味着地理空间因素是影响省域新型城镇化包容性发展的要素。

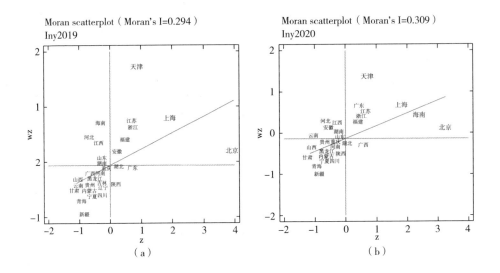

图 5-6 **2019 年与 2020 年新型城镇化包容性发展水平的莫兰散点图**

二、基于空间计量模型的实证分析

1. 理论模型的设定

城镇化理论表明，新型城镇化包容性发展水平的提升与资本存量、劳动力、资源禀赋等供给侧要素的投入密切相关，除此之外，科技进步、政策制度也对提升新型城镇化包容性发展水平发挥着重要作用，因此本书将基于资本存量、劳动力、科技进步、资源禀赋、政策制度对我国新型城镇化包容性发展的动力机制进行分析。本书认为新型城镇化包容性发展是多种投入要素共同作用的结果，不仅要关注资本存量、劳动力的决定作用，还要注重科技进步、资源禀赋、政策制度的动力作用，遵循以人为本、全面协调可持续发展的理念。

　　基于新型城镇化包容性发展的特点，本书构建了新型城镇化包容性发展水平提升的动力指标体系（见表5-6），并进行了新型城镇化包容性发展水平提升的动力机制分析。

表5-6　新型城镇化包容性发展水平提升的动力指标体系

准则	指标层	代表变量及指标符号	单位	指标性质
资本存量	公共投资	人均城镇生产性公共投资存量（ppi）	万元	正
		人均城镇社会性公共投资存量（spi）	万元	正
	外部投资	人均外商直接投资总额（fdi）	万元	正
	市场投资	人均非国有固定资产投资（mar）	万元	正
劳动力	劳动力总量	城镇就业人数（emp1）	万人	正
	劳动力价值	每个劳动力创造的国内生产总值（emp2）	万元	正
科技进步	技术进步	每万人国内专利申请受理量（tec1）	项	正
	科技成果转换	人均技术市场成交额（tec2）	万元	正
资源禀赋	水资源	人均供水总量（re1）	万立方米	正
	能源资源	人均煤炭消费量（re2）	吨	负
	土地资源	人均耕地面积（re3）	千公顷	正
		人均城市建成区面积（re4）	平方千米	负
政策制度	政策	新型城镇化（urban）		正
	制度	户籍制度改革（hj）		正

2. 变量选取与统计特征

　　被解释变量是新型城镇化包容性发展水平（y），用前文计算得出的新型城镇化包容性发展水平得分表示。解释变量是新型城镇化包容性发展的动力因素，将新型城镇化包容性发展的动力因素分为资本存量、劳动力、科技进步、资源禀赋、政策制度5个维度。

　　（1）资本存量。城镇公共资本的投入能推动基础设施建设和公共服务水平提升，非国有资本投入的增加可加快市场化进程，积极推行对外开放政策可吸引大量外资，使外商直接投资集聚效应更加明显，直接影响新型城镇化进程。因此，采用人均城镇公共投资存量来衡量各地区的城镇公共投资水平，将其作为核心解释变量。借鉴万道琴和杨飞虎（2011）的做法，结合国家统计局对固定资产投资的统计口径，本书将公共投资分为生产性公共投资、社会性公共投资。此外，用人均非国有固定资产投资来衡量市场投资，人均外商直接投资总额来衡量外部投资。

（2）劳动力。劳动力的投入不仅能从总量上推进新型城镇化包容性发展，而且从劳动效率上助推新型城镇化包容性发展水平的提升，因此本书采用城镇就业人数来衡量劳动力总量，用每个劳动力创造的国内生产总值来衡量劳动力价值。

（3）科技进步。科技进步一方面表现为技术的发展进步，另一方面表现为科技成果的转换，进而推动经济的高质量发展、智慧城市的建设，从而为新型城镇化包容性发展提供动力。因此，本书采用每万人国内专利申请受理量来衡量技术进步，以及用人均技术市场成交额来衡量科技成果转换。

（4）资源禀赋。资源禀赋的投入进一步可划分为水资源、能源资源、土地资源的投入，各项资源的投入耗用推动经济社会的发展进步，进而助推新型城镇化包容性发展水平的提升。本书采用人均供水总量、人均煤炭消费量、人均耕地面积、人均城市建成区面积来衡量水资源、能源资源、土地资源的投入。

（5）政策制度。我国积极推行新型城镇化政策，广泛推进户籍制度改革，有利于推动新型城镇化包容性发展水平的提升。新型城镇化：由于我国从2014年开始全面推行新型城镇化政策，因此该项指标2004~2013年的取值为0，2014~2020年的取值为1。户籍制度改革：借鉴晏朝飞和杨飞虎（2018）的做法，以户籍制度改革的实施为节点，2014年之后该变量取值为1，之前取值为0。

除户籍制度改革的数据来源于各地发布的文件外，其余数据均来源于各省份统计年鉴以及中经网统计数据库。各变量的基本统计特征如表5-7所示。

3. 模型的选择

对面板数据取对数处理可消除异方差问题，针对模型内生性问题，本书通过绘制含有固定效应的序列残差和模型拟合值的散点图进行检验。如图5-7所示，散点在残差0值附近不规则地波动，可知残差和拟合值之间不存在明确的关联，通过了内生性检验。

鉴于选取的指标较多，变量间可能存在较强的共线性，故使用方差膨胀因子（VIF）检验指标间的共线性。对多重共线性问题进行检验，结果如表5-8所示，VIF的均值为2.57，VIF的最大值为4.07，故不存在多重共线性问题。

表 5-7 样本变量的基本统计特征

变量	频数	平均值	标准差	最小值	最大值
y	510	1.000	0.351	0.500	3.820
ppi	510	3.557	2.180	0.910	12.370
spi	510	0.468	0.269	0.030	1.390
fdi	510	39.165	131.099	0.570	2712.410
mar	510	10.772	7.927	0.920	43.770
emp1	510	992.849	867.306	68.600	6762.000
emp2	510	7.698	5.302	0.760	30.880
tec1	510	13.829	18.838	0.230	116.110
tec2	510	0.0878	0.280	0.000	2.890
re1	510	0.050	0.042	0.020	0.260
re2	510	3.378	3.288	0.040	22.440
re3	510	1.247	0.782	0.040	4.700
re4	510	1.619	1.453	0.060	10.740
urban	510	0.412	0.493	0	1
hj	510	0.422	0.494	0	1

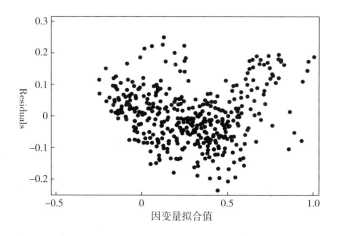

图 5-7 序列残差与因变量拟合值的散点图

表 5-8　共线性检验

变量	VIF	1/VIF
ppi	4.07	0.245872
mar	4.01	0.249184
spi	3.54	0.282232
tec1	3.38	0.295720
emp2	2.57	0.389844
tec2	2.45	0.407918
re2	2.31	0.432050
fdi	2.23	0.447873
re3	2.13	0.469683
emp1	2.12	0.470720
urban	1.98	0.504730
re4	1.77	0.564152
re1	1.75	0.571195
hj	1.71	0.583395

设定空间计量模型需要先对其有效性进行 Hausman 检验、LM 检验、LR 检验从而确定最终模型。

首先，通过 Hausman 检验来判断固定效应模型与随机效应模型的有效性。这里 Hausman 检验的统计量为 -15.74，连玉君等（2014）通过对数据的模拟和分析发现，Hausman 统计值为负主要是因为随机效应模型的渐进性假设在 Hausman 检验中无法得到满足，因此选用固定效应模型。

其次，对残差进行 LM 检验来选择合适的空间面板模型，相关检验结果如表 5-9 所示。在不同的权重矩阵情况下，空间误差项的拉格朗日乘子统计量在1% 的水平下拒绝原假设，说明空间误差效应显著；而空间滞后项的拉格朗日乘子统计量在 1% 的水平下接受原假设，说明空间滞后效应不显著。综合分析来看，应该选择空间误差模型。但由于空间误差模型与空间杜宾模型存在嵌套关系，使这里存在构建空间杜宾模型的可能性，因此需进一步采用 LR 检验。

最后，LR 检验存在两个原假设：一是空间杜宾模型可转化为空间滞后模型，二是空间杜宾模型可转化为空间误差模型，相关检验结果如表5-9所示。

表 5-9　LM 检验及 LR 检验结果

检验		空间 0-1 权重矩阵		空间地理距离权重矩阵	
		统计量	p 值	统计量	p 值
空间误差	LM 检验	3.468*	0.063	1.356	0.244
	稳健的 LM 检验	5.412**	0.020	8.000***	0.005
空间滞后	LR 检验	33.878***	0.000	74.296***	0.000
	稳健的 LM 检验	35.822***	0.000	80.940***	0.000
	LR_空间误差检验	93.560***	0.000	125.500***	0.000
	LR_空间滞后检验	104.480***	0.000	131.100***	0.000

注：*、**、***分别代表10%、5%、1%的显著性水平。

表 5-9 显示，LR_空间滞后检验统计量为 104.480（在空间 0-1 权重矩阵情况下）和 131.10（在空间地理距离权重矩阵情况下），通过显著性检验，拒绝空间杜宾模型可以转化为空间滞后模型的原假设；LR_空间误差检验统计量为 93.560（在空间 0-1 权重矩阵情况下）和 125.500（在空间地理距离权重矩阵情况下），通过显著性检验，也表明拒绝空间杜宾模型可以转化为空间误差模型的原假设。故本书选择空间杜宾模型进一步进行分析。

4. 静态空间杜宾模型的估计结果分析

为进一步确定具体的空间杜宾模型，基于空间 0-1 权重矩阵及空间地理距离权重矩阵分别通过空间固定效应、时间固定效应以及双固定效应模型进行回归，回归结果如表 5-10 所示。

通过比较表 5-10 所示的六个模型，基于三大信息准则、空间变量系数及各变量显著性水平，并考虑到模型的稳定性，本书选取基于空间地理距离权重矩阵的双固定效应模型（6）进行分析。

（1）空间相关系数（rho）显著为负，表明省域新型城镇化包容性发展水平存在负向的空间溢出效应，各地区新型城镇化包容性发展水平不但受到该地区各类动力因素的影响，相邻地区各类动力因素对该地区也存在相应的影响。这种空间溢出效应可以助推我国新型城镇化建设朝更加高效、包容、可持续的方向发展，进而提高新型城镇化包容性发展水平。

表 5-10　静态空间杜宾模型估计的结果

变量	空间 0-1 权重矩阵			空间地理距离权重矩阵		
	（1）空间固定效应	（2）时间固定效应	（3）双固定效应	（4）空间固定效应	（5）时间固定效应	（6）双固定效应
ppi	0.113*** (5.59)	0.054*** (2.65)	0.111*** (5.39)	0.121*** (5.66)	0.031 (1.45)	0.118*** (5.32)
spi	0.031** (2.11)	0.020 (1.18)	0.033** (2.21)	0.038*** (2.60)	0.031* (1.74)	0.030* (1.95)
fdi	0.279*** (26.26)	0.282*** (24.24)	0.279*** (25.91)	0.268*** (24.30)	0.271*** (20.96)	0.263*** (23.23)
mar	0.034** (2.34)	0.089*** (6.62)	0.033** (2.26)	0.035** (2.47)	0.090*** (6.70)	0.033** (2.34)
emp1	0.373*** (13.64)	0.351*** (11.81)	0.378*** (13.39)	0.356*** (13.03)	0.344*** (10.92)	0.348*** (12.18)
emp2	0.021 (0.56)	0.061* (1.92)	0.017 (0.41)	0.008 (0.23)	0.039 (1.18)	0.002 (0.05)
tec1	0.014 (0.80)	0.007 (0.86)	0.016 (0.89)	0.017 (1.05)	-0.000 (-0.02)	0.020 (1.22)
tec2	0.030*** (7.12)	0.029*** (6.18)	0.029*** (6.71)	0.033*** (7.73)	0.034*** (6.63)	0.034*** (7.51)
re1	-0.105 (-1.03)	-0.169* (-1.88)	-0.097 (-0.90)	-0.075 (-0.76)	-0.286*** (-3.51)	-0.024 (-0.24)
re2	-0.073*** (-6.70)	-0.044*** (-5.50)	-0.074*** (-6.56)	-0.074*** (-6.95)	-0.030*** (-4.26)	-0.082*** (-7.17)
re3	0.080* (1.81)	0.031 (1.69)	0.074 (1.60)	0.089** (2.18)	0.016 (0.86)	0.092** (2.16)
re4	-0.177*** (-2.97)	-0.053* (-1.87)	-0.188*** (-3.08)	-0.176*** (-3.19)	-0.038 (-1.32)	-0.169*** (-2.97)

变量	空间 0-1 权重矩阵			空间地理距离权重矩阵		
	（1）	（2）	（3）	（4）	（5）	（6）
	空间固定效应	时间固定效应	双固定效应	空间固定效应	时间固定效应	双固定效应
urban	-0.004	0.000	0.000	-0.032	0.000	0.000
	（.）	（.）	（.）	（-1.41）	（.）	（.）
hj	-0.008	0.020	0.003	0.001	0.038**	0.012
	（-0.42）	（1.24）	（0.16）	（0.08）	（2.02）	（0.55）
rho	-0.361***	-0.296***	-0.369***	-1.496***	-0.677***	-1.504***
	（-4.96）	（-3.94）	（-4.99）	（-6.16）	（-2.72）	（-5.75）
Sigma2_e	0.007***	0.009***	0.007***	0.007***	0.009***	0.006***
	（14.29）	（14.26）	（14.09）	（13.78）	（14.57）	（13.84）
ll	434.452	381.141	434.691	440.369	371.773	442.586
aic	-754.904	-648.283	-755.382	-766.739	-629.546	-771.172
bic	-524.609	-417.988	-525.087	-536.444	-399.251	-540.877

注：*、**、***分别代表10%、5%、1%的显著性水平，括号内为 t 值。

（2）资本存量的投入，生产性公共投资、社会性公共投资、外部投资、市场投资通过了1%、5%或10%的显著性检验，影响系数分别为0.118、0.030、0.263、0.033，成为新型城镇化包容性发展水平提升的重要驱动因素，这意味着无论是生产性公共投资、社会性公共投资，还是外部投资、市场投资对新型城镇化包容性发展水平均具有显著的正向影响，且生产性公共投资、社会性公共投资、外部投资、市场投资每增加1个百分点，新型城镇化包容性发展水平则分别增加0.118个、0.030个、0.263个、0.033个百分点，作用程度最大的为外部投资。这也表明要加大对外开放水平，吸引外商投资，不断引进外商企业的管理理念、技术与产品，促进新型城镇化包容性发展水平的提升。

（3）劳动力要素中的城镇就业人数在1%的水平上显著促进了新型城镇化包容性发展水平的提升，影响系数是0.348，在不考虑其他动力因素影响的条件下，城镇就业人数每增加1个百分点，会使新型城镇化包容性发展水平提高0.348个百分点，成为新型城镇化包容性发展水平提升的关键模块，这说明未来在推进新型城镇化的进程中，紧抓就业，推动城镇就业人数增加，促进人口包容性发展，可有效提升新型城镇化包容性发展水平，推动新型城镇化高效、包容、健康发展。

（4）科技进步要素中人均技术市场成交额这一驱动因素在1%的水平上显著促进了新型城镇化包容性发展水平的提升，影响系数是0.034，在不考虑其他因素影响的条件下，人均技术市场成交额每增加1个百分点，会使新型城镇化包容性发展水平提高0.034个百分点，这表明不断加快科技成果的转换，加大科技进步对经济、社会、生态环境各个方面的影响，对提升新型城镇化包容性发展水平的作用重大。

（5）资源禀赋要素中的能源资源对新型城镇化包容性发展水平具有显著的负向影响，其影响系数为-0.082，且在1%的水平上显著，这说明煤炭消费的提高会阻碍新型城镇化包容性发展水平的提升，因此通过促进新能源、可再生能源对传统以煤炭为主的化石能源的有效替代，尽快推动我国能源消费结构"升级换代"，能有效促进新型城镇化包容性发展。土地资源要素中的人均城市建成区面积对新型城镇化包容性发展水平具有显著的负向影响，其影响系数为-0.169且在1%的水平上显著，表明扩大城市建设规模会阻碍新型城镇化包容性发展水平的提升。土地资源要素中的人均耕地面积对新型城镇化包容性发展水平具有显著的正向影响，其影响系数为0.092，且在5%的水平上显著，表明严守耕地红线，推动农村农业现代化发展，促进城乡协调发展，可推动新型城镇化科学、健康发展，进而推动新型城镇化包容性发展水平的提升。

（6）政策制度要素中的新型城镇化、户籍制度改革对新型城镇化包容性发展水平的影响并不显著，表明政策的实施在统计意义上未必促进城镇化包容性发展，政策实施如何促进新型城镇化包容性发展是未来需要进一步探究的问题。

直接效应和间接效应能够说明各动力因素变量间真实的空间溢出效应，故本书选取空间杜宾双固定模型基于空间0-1权重矩阵及空间地理距离权重矩阵进行效应分解，由于政策制度变量对新型城镇化包容性发展水平的影响并不显著，综合考虑后，本书去除政策制度变量进行分析，效应分解结果如表5-11所示。

对比基于两种权重矩阵估计所得的结果，发现估计变量不具有太大的差异，说明模型具有一定的稳健性。基于前文的分析结果，本书选择表5-11中列示的空间地理距离权重矩阵进行效应分解分析。由表5-11可知，资本存量要素中外部投资的直接效应与总效应在1%的显著性水平下为正，间接效应在1%的显著性水平下为负，在不考虑其他因素影响的条件下，人均外商直接投

表 5-11 静态空间杜宾模型（双固定）的效应分解

变量	空间相邻 0-1 权重矩阵			空间地理距离权重矩阵		
	直接效应	间接效应	总效应	直接效应	间接效应	总效应
ppi	0.113***	0.001	0.114***	0.118***	0.019	0.137*
	(5.32)	(0.02)	(2.92)	(5.65)	(0.29)	(1.93)
spi	0.028*	0.037	0.065**	0.027*	0.017	0.044
	(1.87)	(1.46)	(2.46)	(1.87)	(0.31)	(0.83)
fdi	0.288***	-0.066***	0.222***	0.282***	-0.158***	0.123***
	(27.69)	(-3.42)	(10.91)	(28.08)	(-3.52)	(2.71)
mar	0.031**	0.023	0.053**	0.030**	0.037	0.067
	(2.06)	(0.93)	(2.29)	(2.09)	(0.71)	(1.35)
emp1	0.372***	0.022	0.395***	0.361***	-0.151	0.210**
	(13.60)	(0.49)	(8.07)	(13.41)	(-1.49)	(2.08)
emp2	0.021	0.003	0.023	0.012	-0.034	-0.023
	(0.48)	(0.05)	(0.48)	(0.28)	(-0.29)	(-0.21)
tec1	0.013	0.018	0.031	0.019	-0.022	-0.003
	(0.69)	(0.64)	(1.26)	(1.02)	(-0.33)	(-0.05)
tec2	0.029***	0.009	0.037***	0.030***	0.035**	0.065***
	(6.25)	(1.13)	(4.69)	(6.84)	(2.07)	(3.78)
re1	-0.071	-0.090	-0.161	-0.069	0.434	0.364
	(-0.65)	(-0.49)	(-0.90)	(-0.66)	(1.10)	(0.97)
re2	-0.079***	0.036*	-0.043**	-0.081***	-0.003	-0.084**
	(-6.58)	(1.77)	(-2.17)	(-7.01)	(-0.07)	(-2.15)
re3	0.078	-0.011	0.067	0.080*	0.049	0.129
	(1.64)	(-0.15)	(0.95)	(1.84)	(0.47)	(1.32)
re4	-0.172**	-0.017	-0.189**	-0.176***	0.226	0.051
	(-2.48)	(-0.17)	(-2.13)	(-2.77)	(1.36)	(0.33)

注：*、**、***分别代表 10%、5%、1%的显著性水平，括号内为 t 值。

资总额每提升 1 个百分点，将促使本地区新型城镇化包容性发展水平提升 0.282 个百分点，相邻地区新型城镇化包容性发展水平降低 0.158 个百分点，进而使全局新型城镇化包容性发展水平提升 0.123 个百分点，是新型城镇化包容性发展水平提升的重要动力因素。这表明加大引进外商直接投资力度，进一步开放市场，可助推本地区新型城镇化包容性发展水平的提升。科技进步要素中的人均技术市场成交额的直接效应、间接效应与总效应在 1% 的显著性水平上为正，在不考虑其他因素影响的条件下，人均技术市场成交额每提升 1 个百分点，将促使本地区新型城镇化包容性发展水平提升 0.030 个百分点，相邻地区新型城镇化包容性发展水平提高 0.035 个百分点，进而使全局新型城镇化包容性发展水平提升 0.065 个百分点。这表明未来应该加大科技投入，推动技术进步，加大技术市场成交额，促进科技成果转换，以推动本地区及周边地区的新型城镇化包容性发展水平的提升。其他直接效应较为显著的要素投入的间接效应不甚显著，这表明要素投入对本地区的影响较大，而对周边地区的影响不明显，其中的原因需要进一步探究。

5. 动态空间杜宾模型的估计结果及效应分解

为进一步研究新型城镇化包容性发展水平的动态变化情况，本书基于空间 0-1 权重矩阵和空间地理距离权重矩阵，并加入因变量的时间、空间以及时空滞后项，针对新型城镇化包容性发展水平及其动力因素建立动态空间杜宾模型，估计结果如表 5-12 所示。

表 5-12　动态空间杜宾模型的估计结果

变量	空间 0-1 权重矩阵			空间地理距离权重矩阵		
	（1）时间	（2）空间	（3）时空	（4）时间	（5）空间	（6）时空
L. lny	0.135*** (7.78)		0.136*** (7.55)	0.129*** (7.87)		0.118*** (5.71)
ppi	0.108*** (5.45)	0.096*** (4.62)	0.108*** (5.45)	0.112*** (5.30)	0.110*** (5.03)	0.113*** (5.32)
spi	0.034** (2.44)	0.041*** (2.76)	0.034** (2.43)	0.032** (2.22)	0.042*** (2.79)	0.033** (2.30)
fdi	0.260*** (24.09)	0.281*** (25.53)	0.260*** (24.09)	0.244*** (21.71)	0.254*** (22.19)	0.244*** (21.70)
mar	-0.008 (-0.55)	0.024 (1.62)	-0.008 (-0.55)	0.001 (0.04)	0.017 (1.19)	0.001 (0.05)

续表

变量	空间0-1权重矩阵			空间地理距离权重矩阵		
	（1）	（2）	（3）	（4）	（5）	（6）
	时间	空间	时空	时间	空间	时空
emp1	0.410*** （14.97）	0.379*** （13.17）	0.410*** （14.88）	0.380*** （13.75）	0.366*** （12.88）	0.381*** （13.77）
emp2	0.018 （0.46）	0.033 （0.78）	0.019 （0.48）	0.004 （0.11）	0.001 （0.04）	0.001 （0.03）
tec1	0.020 （1.18）	0.008 （0.45）	0.020 （1.18）	0.020 （1.25）	0.023 （1.33）	0.022 （1.32）
tec2	0.034*** （8.05）	0.028*** （6.28）	0.034*** （8.06）	0.038*** （8.96）	0.034*** （7.73）	0.038*** （8.87）
re1	−0.005 （−0.05）	−0.094 （−0.86）	−0.004 （−0.03）	0.028 （0.29）	−0.006 （−0.06）	0.027 （0.28）
re2	−0.065*** （−5.95）	−0.073*** （−6.33）	−0.065*** （−5.96）	−0.069*** （−6.35）	−0.078*** （−6.94）	−0.070*** （−6.40）
re3	0.042 （0.93）	0.058 （1.21）	0.042 （0.93）	0.059 （1.39）	0.047 （1.07）	0.057 （1.33）
re4	−0.205*** （−3.36）	−0.179*** （−2.78）	−0.205*** （−3.36）	−0.180*** （−3.10）	−0.149** （−2.49）	−0.176*** （−3.03）
urban	0.000 （.）	0.000 （.）	0.000 （.）	0.000 （.）	0.000 （.）	0.000 （.）
hj	−0.016 （−0.82）	−0.008 （−0.37）	−0.016 （−0.82）	0.007 （0.35）	0.006 （0.30）	0.006 （0.31）
L. Wlny		−0.079* （−1.84）	0.008 （0.19）		−0.862*** （−5.40）	−0.165 （−0.85）
rho	0.333*** （4.51）	0.338*** （4.37）	0.336*** （4.46）	1.336*** （5.01）	1.358*** （5.01）	1.334*** （4.98）
Sigma2_e	0.006*** （14.83）	0.007*** （14.90）	0.006*** （14.83）	0.006*** （14.62）	0.006*** （14.51）	0.006*** （14.60）
ll	441.467	418.521	441.455	448.186	436.095	448.666
aic	−710.933	−665.043	−708.910	−724.373	−700.190	−723.332
bic	−369.844	−323.954	−363.856	−383.284	−359.102	−378.277

注：*、**、***分别代表10%、5%、1%的显著性水平，括号内为t值。

通过比较表 5-12 中的六个模型，基于三大信息准则、空间变量系数及各变量显著性水平，本书选取第四个模型，即基于空间地理距离权重矩阵加入因变量的时间滞后项的动态空间杜宾模型进行分析。

新型城镇化包容性发展水平的一阶时间滞后项在 1% 的水平上显著为正，表明我国新型城镇化包容性发展水平的变化具有明显的路径依赖特征，如果当期新型城镇化包容性发展水平较低时，那么下一期新型城镇化包容性发展水平也可能持续处于较低的水平。这意味着提升新型城镇化包容性发展水平是一件长久的事情，必须常抓不懈，以防止出现"反弹"，具有一定的艰巨性。空间相关系数在 1% 的显著性水平下通过了检验，且显著为正，表明新型城镇化包容性发展水平在动态发展中存在正的空间溢出效应。

资本存量要素中生产性公共投资、社会性公共投资以及外部投资对新型城镇化包容性发展水平仍具有显著的正向影响，而市场投资不再具有显著性，影响系数为 0.112、0.032、0.244，即生产性公共投资、社会性公共投资及外部投资每增加 1 个百分点，新型城镇化包容性发展水平就分别增加 0.112 个、0.032 个、0.244 个百分点，作用程度最大的外部投资水平仍为最重要的驱动因素。劳动力要素中的城镇就业人数以及科技进步要素中的人均技术市场成交额仍在 1% 的水平上显著促进了新型城镇化包容性发展水平的提升，在不考虑其他因素影响的条件下，城镇就业人数每增加 1 个百分点，会使新型城镇化包容性发展水平提高 0.380 个百分点，是新型城镇化包容性发展水平提升的重要驱动因素，人均技术市场成交额每增加 1 个百分点，会使新型城镇化包容性发展水平提高 0.038 个百分点。能源资源中的人均煤炭消费量、土地资源中的人均城建面积依旧对新型城镇化包容性发展水平具有显著的负向影响，其影响系数为 -0.069、-0.180，而土地资源中的人均耕地面积虽对新型城镇化包容性发展水平有正向影响，但不再具有显著性。政策制度要素中的新型城镇化、户籍制度改革对新型城镇化包容性发展水平的影响并不显著，这说明未来在推进新型城镇化的过程中，应该继续发挥生产性公共投资、社会性公共投资以及外部投资的积极作用，推动就业，增加就业岗位、提高就业质量，加大科技进步对经济社会的影响，尽快推动我国能源消费结构"升级换代"，科学规划城镇建设规模，合理推进新型城镇化进程。

基于动态空间杜宾模型（4）的估计结果，由于政策制度变量对新型城镇化包容性发展水平的影响并不显著，故本书去除政策制度变量进行效应分解，对新型城镇化包容性发展水平动态变化的短期效应和长期效应做进一步的探究，估计结果如表5-13所示。

表 5-13 动态空间杜宾模型的效应分解

变量	空间相邻0~1权重矩阵			空间地理权重矩阵		
	短期效应	长期效应	总效应	短期效应	长期效应	总效应
ppi	0.115*** (6.15)	−0.025 (−0.35)	0.090 (1.18)	0.134*** (6.18)	−0.039 (−0.50)	0.095 (1.18)
spi	0.030** (2.27)	0.022 (0.43)	0.052 (1.00)	0.035** (2.24)	0.021 (0.38)	0.056 (0.99)
fdi	0.256*** (24.38)	−0.136*** (−2.71)	0.120** (2.36)	0.299*** (23.90)	−0.172*** (−3.22)	0.127** (2.37)
mar	−0.008 (−0.63)	0.104* (1.91)	0.095* (1.82)	−0.011 (−0.71)	0.112* (1.91)	0.101* (1.81)
emp1	0.407*** (14.50)	−0.294*** (−2.76)	0.113 (1.04)	0.476*** (14.32)	−0.357*** (−3.14)	0.119 (1.04)
emp2	0.011 (0.28)	−0.032 (−0.26)	−0.021 (−0.18)	0.014 (0.28)	−0.036 (−0.26)	−0.022 (−0.18)
tec1	0.026 (1.56)	−0.086 (−1.20)	−0.060 (−0.88)	0.032 (1.58)	−0.095 (−1.22)	−0.064 (−0.88)
tec2	0.035*** (8.61)	0.037** (2.12)	0.072*** (4.08)	0.041*** (8.49)	0.036* (1.91)	0.077*** (4.03)
re1	−0.013 (−0.13)	0.480 (1.12)	0.467 (1.13)	−0.021 (−0.18)	0.516 (1.12)	0.495 (1.13)
re2	−0.069*** (−6.20)	−0.006 (−0.15)	−0.075* (−1.78)	−0.080*** (−6.13)	0.000 (0.01)	−0.079* (−1.78)
re3	0.055 (1.23)	0.072 (0.66)	0.127 (1.15)	0.063 (1.20)	0.072 (0.60)	0.135 (1.15)
re4	−0.210*** (−3.72)	0.373* (1.94)	0.164 (0.88)	−0.248*** (−3.74)	0.421** (2.03)	0.174 (0.88)

注：*、**、***分别代表10%、5%、1%的显著性水平，括号内为t值。

从表5-13可知，同一动力因素在不同权重矩阵下对新型城镇化包容性发展水平的影响方向完全一致，长期效应的绝对影响程度（系数的绝对值）大于短期效应，从而表明各动力因素对新型城镇化包容性发展水平的提升具有长期影响。我们应从长远角度出发，重视各个动力因素对新型城镇化包容性发展的作用。

进一步可以看到，无论是在短期条件下还是在长期条件下，劳动力要素中的城镇就业人数这一动力因素对于本地区新型城镇化包容性发展水平的短期效应为正，影响系数分别是 0.407、0.476，但长期效应为负，影响系数分别是 -0.294、-0.357，表明劳动力在本地区集聚会相对削减周边地区的城镇就业人数，阻碍周围地区新型城镇化包容性发展水平的提升。外部投资因素对新型城镇化包容性发展影响的短期效应为正，影响系数分别是 0.256、0.299，但长期效应为负，影响系数分别是 -0.136、-0.172，表明外部投资的增加有利于推动本地区新型城镇化包容性发展水平的提升而降低周边地区的水平。此外，人均城建面积对新型城镇化包容性发展影响的短期效应为负，影响系数分别是 -0.210、-0.248，但长期效应为正，为 0.373、0.421，这可能是由于本地区的城镇建设规划对周围地区具有警示作用，从而有助于周围地区新型城镇化包容性发展水平的提升。科技进步要素中人均技术市场成交额对新型城镇化包容性发展影响的短期效应、长期效应显著为正，本地区的科技进步能推动本地区新型城镇化包容性发展水平的提升，这对周围地区具有示范作用进而有助于周围地区新型城镇化包容性发展水平的提升。

第四节 研究方法的合理性及普适性

本章基于前人研究构建的研究方法体系具有普适性。具体而言，首先，根据已有文献构建新型城镇化包容性发展水平评价体系，利用客观的熵权法确定指标权重；在利用均值标准化法对评价数据进行处理的基础上，采用综合评价法科学测度。其次，基于新型城镇化包容性发展水平测度结果，采用核密度估计与马尔可夫链转移概率矩阵进行时空演变、内部趋势变化分析，探究新型城镇化包容性发展水平的变化态势，之后引入空间因素进行计量分析以探析新型城镇化包容性发展水平提升的动力因素及驱动效应。本章在构建评价体系时考虑到数据的可取性选取了省级面板数据，虽也有学者从县域视角出发收集数据（王志章和周方影，2015），但无论选取省级面板数据还是市县级数据，都具有一定的合理性。由于综合考虑县市级数据的处理难度较大，须耗费更多的时间、精力，故本书选取省级面板数据进行处理，随后的研究可考虑收集市县级数据，从微观视角出发进一步验证上述研究方法的合理性。

第六章
外商直接投资、产业结构升级与新型城镇化包容性发展

在国内国际双循环相互促进的新发展格局下，国际因素对我国新型城镇化建设的影响日益突出。这其中，FDI 直接作用于我国产业结构升级，影响我国新型城镇化发展水平，进而影响新型城镇化包容性发展水平。本章基于中国 30 个省份的面板数据，通过空间计量模型探讨 FDI、产业结构升级对新型城镇化包容性发展的影响和作用机理，为双循环新发展格局背景下推进我国新型城镇化高效、包容、可持续发展提供了有益参考。

第一节　问题的提出

《国家新型城镇化规划（2014—2020 年）》指出，城镇化是人类社会发展的客观趋势。党的十九大报告阐述了"贯彻新发展理念，建设现代化经济体系"的目标，强调"实施区域协调发展战略"，对新型城镇化质量的全面提升指明了方向。《2019 年新型城镇化建设重点任务》的出台加速了新型城镇化的包容性发展。我国城镇化率从 1978 年的 17.92% 上升到 2021 年的 64.72%，推动了经济的快速发展，但城镇化进程中也出现了一些非包容性现象，如生态环境遭到破坏、生产要素配置失衡等。另外，伴随着城镇化水平的提升，产业结构持续优化、外商直接投资快速攀升。2020 年，我国第二、三产业对 GDP 增长的贡献率分别为 37.8% 和 54.5%。在产业结构不断优化升级的同时，对外开放水平不断加大。在改革开放初期，我国的对外贸易依存度还不到 10%，但随

着经济全球化的快速发展，2020 年我国实际使用外资金额为 1444 亿美元，比 2019 年增长了 4.5%。新型城镇化是一项涉及人口、经济、社会、城乡以及生态多维度发展的系统性工程，产业结构的变迁也是城镇化发展的一部分。由此可见，外商直接投资、产业结构升级对新型城镇化包容性发展水平提升具有重要影响。

习近平在 2020 年 5 月召开的中共中央政治局常务委员会上提出要构建国内国际双循环相互促进的新发展格局，2020 年 7 月召开的国务院常务会议明确表示，推进以人为核心的新型城镇化，是内需最大潜力所在和"两新一重"建设的重要内容。在当前复杂的国际国内形势下，推进城镇化高质量建设成为双循环新发展格局的重要抓手。在推进新型城镇化建设的进程中，研究引资政策、产业结构升级与新型城镇化包容性发展水平提升具有现实意义。鉴于此，本书将理论与实证分析相结合，探寻 FDI、产业结构升级对提升新型城镇化包容性发展水平的作用。

对于新型城镇化和产业结构升级的互动关系，国外学者研究表明，产业结构的集聚效应可促进城市发展，而新型城镇化发展是产业结构升级的重要动因（Hermelin，2007）。国内对新型城镇化与产业结构升级关系的研究主要集中在三个方面：一是新型城镇化会促进产业结构的升级。新型城镇化对产业结构升级具有强烈的空间冲击作用，能够显著提升产业发展层次，推动产业结构升级（蓝庆新和陈超凡，2013）；在新型城镇化发展过程中，基础设施建设推动人才与产业的集聚，有助于优化产业布局（丛海彬等，2017）。二是产业结构升级对新型城镇化有显著的推动作用。产业结构升级对新型城镇化有显著为正的促进作用，产业结构升级对人口、社会与经济城镇化存在显著影响，但表现程度各异（贺建风和吴慧，2016）；产业结构合理化对新型城镇化进程的影响显著为正，产业结构高级化演变长期来看对新型城镇化进程具有促进作用（龚新蜀等，2018）。三是产业结构升级与城镇化的协调关系探究。产业结构与城市化两者不断调整升级并相互推动（王可侠，2012）；中国产城匹配协调程度呈现出上升趋势，但区域差距较大（杨立勋和姜增明，2013）；若产城关系不匹配，两者的经济增长效应因产城关系的阶段性不匹配而存在"门槛效应"（孙叶飞等，2016；徐秋艳等，2019）；农业产业集群化与新型城镇化的协同度越高，其对区域农业经济发展的促进作用越大（王兆君和任兴旺，2019）。

已有较多的文献对 FDI 与城镇化的关系进行了研究。国外学者对 FDI 与新型城镇化关系的研究起步较早，并有丰富的研究成果。例如：依附理论认为

FDI 是一种特殊资本，FDI 的进入会造成东道国依附城镇化的问题（Friedmann，1995），部分学者的实证分析结果为发展中国家依赖外国资本导致过度城市化这一观点提供了支持（Timberlake & Kentor，1983）。现代化理论指出，与一般的资本一样，FDI 能通过促进东道国的工业化和经济增长推动其城镇化进程（Pizarro et al.，2003）。一些学者认为，经济全球化下 FDI 会对一国城镇化产生更为积极的影响，投资依赖对城市化进程产生了滞后的积极影响（Kentor，1981），国际间生产及资金流动推动了发展中国家的城市化进程（Hein，1992；Clark，1998）。也有学者利用国家层面数据再次证实了来自发达国家的投资能够推动发展中国家的城镇化发展（Behname，2013）。国内的相关研究虽然起步较晚，但是成果也很丰富。目前，国内学者普遍认为 FDI 能够推动我国城镇化发展。程开明和段存章（2010）理论探究了 FDI 与城市化相互作用的机制，并实证检验了 FDI 与城市化之间存在长期的均衡关系。袁博和刘凤朝（2014）发现 FDI 对城镇化具有积极作用，不管是在长期内还是在短期内均存在明显的带动效应。也有学者指出，FDI 与城镇化进程整体上呈非线性关系。孙浦阳和武力超（2010）的研究结果显示，FDI 与我国的城市化进程存在显著的倒“U”形关系。近年来，不同学者基于工业集聚（聂飞和刘海云，2017）、金融发展（袁冬梅等，2017）、人力资本（王艳丽和刘欢，2018）等不同视角研究发现，FDI 对城镇化进程影响的阶段性特征较为明显。有学者通过空间视角、多维度视角研究发现，FDI 显著推动了我国新型城镇化发展（宛群超和邓峰，2017；刘海云和丁磊，2018）。王滨（2020）用空间杜宾模型研究 FDI 对新型城镇化的空间溢出效应，发现 FDI 与新型城镇化呈现显著的“U”形非线性关系，且各省份的技术水平和外资进入程度对新型城镇化的空间溢出效应具有调节作用。

国外学者在“双缺口”理论的基础上进一步提出了“三缺口”理论，认为 FDI 会推动本国产业结构优化升级。具体来讲，FDI 主要通过资本效应和技术溢出效应等促进东道国产业结构升级。国内学者从不同角度探究了 FDI 与我国产业结构升级的关系：①FDI 促进产业结构升级。FDI 促进产业结构优化，有助于提高国民经济中第二、三产业的比重（张琴，2012），但 FDI 和产业结构变动之间不存在长期的稳定关系（赵红和张茜，2006）。②FDI 对产业结构优化的影响。受当前引资结构和质量的影响，FDI 强化了中国三次产业结构发展的不均衡（陈继勇和盛杨怿，2009）。双向 FDI 对产业结构合理化和高级化具有显著的正向促进作用，但两者的交互作用却因为不协调而对产业结构优化产生了一定程度的阻碍作用（张林，2016）。水平外资、上游外资和下游外资进入对产业结构升级的影响存在差异，水平外资进入对产业结构升级没有显著影响，上游外资进入不利于产业结构升级，而下游外资进入对产业结构升级有显著的促进作用（李艳和柳士昌，2018）。③FDI 对产业结构升级呈现出非线性影响。有学者通过将市场化指数、金融发展水平作为门限变量，研究得出外资进入程度对中国各地区的产业结构优化存在显著的市场化、金融发展门限效应，会导致 FDI 对产业结构的影响程度呈现阶段性不同。栾申洲（2018）及贾妮莎和韩永辉（2018）发现，FDI 对中国产业结构调整的影响为先抑制后促进，呈倒"U"形。曾鹏和吴功亮（2016）分析了 FDI、产业结构、城市化三者之间的内在关系，通过构建面板联立方程实证模型得出 FDI 与产业结构相互促进，FDI、产业结构促进城市化水平的提高。

综上所述，以往的文献为本书研究提供了借鉴与帮助，但还存在以下不足：①已有文献研究虽对 FDI、产业结构升级、新型城镇化两两之间的作用机理有所涉及，但鲜少探究三者之间的关系；②虽然已有研究从空间效应视角探究了 FDI 与新型城镇化的关系，但并未在空间效应下考虑 FDI 如何作用于产业结构升级进而推动新型城镇化包容性发展水平的提升；③产业结构升级、新型城镇化包容性发展评价均是一个系统性工程，单一指标的测度不具有代表性。鉴于此，本章运用中国 30 个省份 2004~2020 年的面板数据，运用空间面板模型分析 FDI、产业结构升级、新型城镇化包容性发展水平提升之间的关系，以期为双循环相互促进新发展格局下我国 FDI 的引入和新型城镇化包容性发展水平的提升提出建设性意见。

第二节　理论机制与研究假说

新型城镇化包容性发展是指让所有社会成员公平公正地参与到新型城镇化建设中去，并将发展成果惠及所有人，最终实现人口、经济、社会、城乡、生态全方位多领域协调可持续发展。它是在反思传统城镇化发展模式中出现的非包容性问题的基础上提出的，旨在实现城镇化由简单的人地扩张向综合质量提升的转型。随着中国开放水平的提升，FDI 日益增多，除了本身的直接投资效应，其溢出效应引致人口集聚与产业集聚，产业结构不断优化升级，农村人口向城镇转移，第二、三产业结构与消费结构不断优化，经济社会等方面高质量发展，城镇公共基础设施优化完善，城乡割裂局面被打破，城乡差距缩减，城镇化率不断提升，新型城镇化包容性发展水平得到较大提升。FDI 通过推动产业结构升级引起新型城镇化包容性发展水平提升的作用属于中介效应，而其直接作用于新型城镇化包容性发展水平的提升则为直接效应，具体机理如图 6-1 所示。

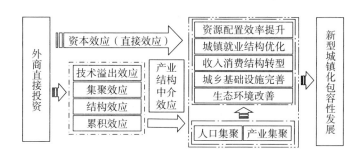

图 6-1 外商直接投资影响新型城镇化包容性发展的作用机理

一、外商直接投资对新型城镇化包容性发展水平提升的直接效应分析

在经济全球化进程中，FDI 为新型城镇化包容性发展提供了重要的外部动力。FDI 本身就具有资本投资性质，会对国内的投资产生影响。在新型城镇化包容性发展过程中，FDI 一方面会弥补城镇化资金的不足，另一方面会促进或抑制国内的投资，进而为城镇化建设提供资金支持，推动新型城镇化包容性发展进程。具体来说，FDI 的进入会带来大量就业机会进而促进经济发展，提高当地居民的经济收入并改善当地的消费结构，间接增加对教育、交通的投资，而教育水平的改善将提高当地劳动人口的素质，交通设施的完善会促进人口、资源的自由流动，缩减城乡人口的收入消费差距，推动新型城镇化人口、经济、社会、城乡包容性发展。FDI 进入城市基础设施领域会显著提升城市基础设施建设水平（李德刚和苑德宇，2017），这是新型城镇化包容性发展水平提升的基础保障。但 FDI 不适当的规模会对生态环境产生负面影响，进而不利于城镇化生态包容性发展。

二、外商直接投资通过产业结构升级推动新型城镇化包容性发展水平提升的中介效应分析

FDI 通过技术溢出效应、集聚效应、结构效应以及累积效应来推动产业结构升级，而产业结构升级则是我国新型城镇化包容性发展水平提升的关键因素。产业发展是城镇发展的重要驱动力，产业结构的合理化和高级化是产业发展的必经渠道，产业的健康可持续发展最终将推动新型城镇化包容性发展。一方面，产业集聚与人口集聚促进城镇化水平提升。第二、三产业的发展，为当地提供了大量的就业机会，可吸引大量农业人口进城从事非农工作，在扩大消费与投资需求的同时带动相关产业的发展，完善基础设施，促进城镇发展空间外扩，进而缩小城乡发展差距。另一方面，产业结构升级会使要素配置效率提高、劳动者就业结构提升、收入结构和消费结构转型，提高产业技术含量和产品附加值，从而促进城镇化质量的提升。

FDI 通过促进产业结构升级进而推动新型城镇化包容性发展水平提升的具体途径如下：①技术溢出效应。FDI 能够为东道国带来较先进的技术与管理理念，推进产业技术进步，改进企业生产管理方式，改善企业竞争环境，促进产业结构升级，推动资源要素高效率配置，进而提升城镇化发展的质量，推动新型城镇化包容性发展水平的提升。②集聚效应。FDI 引致人口集聚与产业集聚，推动经济活动综合体在空间上聚集，优化升级产业结构，进而推动新型城镇化包容性发展。随着全球化的发展，贸易依存度提升，对国外的高精尖技术进行学习、模仿、创新，可促进当地知识、信息产业的聚集，推动产业结构高度化与合理化，加速现代城镇化的发展，提高新型城镇化包容性发展的效率。③结构效应。FDI 主要集中于二、三产业，尤其是制造加工业、服务业、高科技产业等。外资投入提供了大量的就业岗位以及高于农业生产的工资，能吸引农村劳动力进城从事非农工作，从而进一步改变产业结构，优化城镇就业结构。此外，选择性引进高加工的制造业产业、技术密集型产业、低污染低能耗产业、现代服务业等，有助于延长产业链、增加产品附加值，推动产业优化升级，保护生态环境，促进生态包容性发展。④累积效应。随着对外开放水平的提高，对外贸易依存度日趋提高，要素的累积效应使贸易开放度高的地域获得了更多的资本、劳动力、技术等要素投入，产生更多的优势产业份额，进而推动当地经济进一步包容性发展，使城镇化基础设施建设、公共服务提供更加完善，促进城镇化进程健康稳定推进。

通过上述 FDI、产业结构升级对新型城镇化包容性发展水平提升的影响机理分析，本书提出以下三个假设：

H$_1$：FDI 可以推动新型城镇化包容性发展水平的提升。

H$_2$：FDI 可以有力地促进产业结构的升级。

H$_3$：产业结构升级是 FDI 影响新型城镇化包容性发展水平提升的重要传导机制。

下文运用我国省际面板数据对上述三个假设进行实证检验。

第三节　典型事实描述

一、新型城镇化包容性发展水平数据的来源说明

新型城镇化的核心内涵是高效、包容、可持续发展，新型城镇化包容性发展体现以人为本的原则，推动经济、社会、生态全面、协调、可持续发展，城乡一体化以协调发展为最终目的。本书结合《国家新型城镇化规划（2014—2020 年）》及于伟和赵林（2018）等的研究成果，从人口、经济、社会、城乡、生态方面选取 39 个三级指标构建新型城镇化包容性发展水平评价体系，如表 4-1 所示，并基于相关标准获得了我国 30 个省份的新型城镇化包容性发展水平的得分，如表 5-1 所示。

二、产业结构升级指标体系构建与测评

以往研究对产业结构升级的测度较少构建指标体系，多选取单一指标：第三产业产值占比（曾鹏和吴功亮，2016）或三大产业产值比的加权和等，缺乏对产业结构升级全面、科学、客观的度量。本书改进对产业结构高度化与合理化两个维度的定义，将高度化维度细分为反映投入产出、资源配置效率的高效化与反映结构调整和转变的高级化要素，将合理化维度细分为结构转变的协调化与产业结构升级的可持续化，如表 6-1 所示，然后基于熵权法和均值标准化法，测算确定我国 30 个省份产业结构升级的综合指数，如表6-2 所示。

表 6-1　产业结构升级指标体系

准则层	要素层	指标层	单位	指标性质
高效化	资产配置效率	第二、三产业投入产出比 A1	%	正
	劳动生产效率	第二、三产业劳均产值 A2	万元	正
	资源配置效率	能源消耗产出率 A3	万元/吨	正
		工业用水产出率 A4	万元/立方米	正
高级化	高智能化	高新产业对 GDP 的贡献率 B1	%	正
		高新产业就业人口比重 B2	%	正
	高附加值	第二、三产业产值对 GDP 的贡献率 B3	%	正
	高技术化水平	工业高新技术的投入比重 B4	%	正
协调化	产值与就业	产业结构偏离度 C1	%	负
	产业间	第三产业偏离度 C2	%	正
		第二产业偏离度 C3	%	正
可持续化	利用率	主要城市空气良好率 D1	%	正
		工业固体废物综合利用率 D2	%	正
	排放量	单位产值的工业废水排放量 D3	吨/万元	负

表 6-2　2004~2020 年我国 30 个省份产业结构升级综合指数

年份 地区	2004	2006	2008	2010	2012	2013	2014	2015	2016	2017	2018	2019	2020
东部	**1.361**	**1.467**	**1.593**	**1.844**	**2.013**	**2.048**	**2.095**	**2.249**	**2.238**	**2.344**	**2.450**	**2.555**	**2.661**
北京	1.871	2.069	2.238	2.598	2.947	3.026	3.156	3.390	3.573	3.797	4.021	4.245	4.469
天津	2.043	2.120	2.524	2.850	3.235	3.315	3.427	3.419	3.294	3.343	3.392	3.441	3.490
河北	0.858	0.959	1.067	1.299	1.436	1.446	1.491	1.542	1.605	1.680	1.755	1.830	1.905
辽宁	0.988	1.030	1.152	1.455	1.644	1.746	1.703	2.276	1.513	1.642	1.771	1.900	2.029
上海	1.761	1.885	2.063	2.331	2.280	2.264	2.237	2.202	2.299	2.462	2.625	2.788	2.951
江苏	1.374	1.374	1.615	1.828	2.036	2.061	2.112	2.198	2.258	2.283	2.308	2.333	2.358
浙江	1.361	1.493	1.513	1.700	1.819	1.659	1.742	1.818	1.944	2.037	2.130	2.223	2.316
福建	1.073	1.118	1.086	1.300	1.439	1.493	1.519	1.673	1.714	1.804	1.894	1.984	2.074
山东	1.208	1.529	1.598	1.798	1.949	2.072	2.163	2.201	2.253	2.406	2.559	2.712	2.865
广东	1.626	1.713	1.815	2.093	2.271	2.329	2.384	2.871	2.992	3.145	3.298	3.451	3.604
海南	0.808	0.846	0.849	1.036	1.088	1.118	1.111	1.143	1.173	1.183	1.193	1.203	1.213
中部	**0.826**	**0.867**	**0.954**	**1.149**	**1.305**	**1.319**	**1.369**	**1.391**	**1.492**	**1.589**	**1.685**	**1.782**	**1.879**

续表

年份\地区	2004	2006	2008	2010	2012	2013	2014	2015	2016	2017	2018	2019	2020
山西	0.856	0.902	1.094	1.283	1.430	1.386	1.365	1.289	1.259	1.478	1.697	1.916	2.135
内蒙古	0.796	0.922	1.142	1.366	1.642	1.591	1.620	1.653	1.819	1.526	1.233	0.940	0.647
吉林	0.916	0.898	0.993	1.216	1.417	1.493	1.530	1.553	1.601	1.629	1.657	1.685	1.713
黑龙江	0.915	0.946	0.992	1.130	1.141	1.191	1.221	1.221	1.197	1.180	1.163	1.146	1.129
安徽	0.801	0.799	0.812	1.025	1.199	1.214	1.280	1.340	1.499	1.657	1.815	1.973	2.131
江西	0.750	0.840	0.855	1.064	1.238	1.273	1.347	1.372	1.389	1.637	1.885	2.133	2.381
河南	0.838	0.898	0.969	1.147	1.338	1.361	1.450	1.484	1.773	1.972	2.171	2.370	2.569
湖北	0.829	0.823	0.897	1.088	1.174	1.120	1.177	1.212	1.276	1.342	1.408	1.474	1.540
湖南	0.734	0.775	0.828	1.021	1.170	1.242	1.331	1.396	1.614	1.876	2.138	2.400	2.662
西部	**0.759**	**0.778**	**0.816**	**1.003**	**1.206**	**1.209**	**1.273**	**1.277**	**1.380**	**1.442**	**1.505**	**1.568**	**1.630**
广西	0.734	0.724	0.725	0.894	1.044	1.088	1.147	1.239	1.475	1.375	1.275	1.175	1.075
重庆	0.791	0.807	0.831	1.041	1.439	1.484	1.597	1.700	1.912	2.202	2.492	2.782	3.072
四川	0.852	0.816	0.866	1.082	1.382	1.177	1.265	1.234	1.232	1.284	1.336	1.388	1.440
贵州	0.668	0.731	0.747	0.880	0.998	1.056	1.079	1.170	1.223	1.287	1.351	1.415	1.479
云南	0.712	0.737	0.742	0.906	0.959	1.026	1.058	1.065	1.094	1.323	1.552	1.781	2.010
陕西	0.985	1.021	1.101	1.421	1.884	1.938	2.026	1.930	2.106	2.155	2.204	2.253	2.302
甘肃	0.686	0.726	0.753	0.930	1.027	1.053	1.096	1.038	1.124	1.143	1.162	1.181	1.200
青海	0.682	0.662	0.721	0.954	1.200	1.173	1.282	1.207	1.238	1.178	1.118	1.058	0.998
宁夏	0.718	0.715	0.777	0.901	1.023	1.040	1.075	1.095	1.176	1.167	1.158	1.149	1.140
新疆	0.767	0.840	0.893	1.018	1.103	1.053	1.103	1.090	1.216	1.309	1.402	1.495	1.588
全国	**1.000**	**1.057**	**1.142**	**1.355**	**1.532**	**1.550**	**1.603**	**1.667**	**1.728**	**1.817**	**1.905**	**1.994**	**2.083**

三、变量选取与数据来源

1. 被解释变量

被解释变量是新型城镇化包容性发展水平（y），采用本书第五章测度的新型城镇化包容性发展水平得分来表示。

2. 解释变量

解释变量是 FDI（lnfdi）。外商直接投资具有关联效应、竞争效应、示范效应及溢出效应，优化产业结构，能够提升企业效率、促进新型城镇化发展。有学者采用外商直接投资工业企业产值占比、各省外商直接投资存量（刘海云和丁磊，2018）、实际使用外资额的对数和对数的平方项（王滨，2020）来衡量FDI，但本书考虑到各个省份的经济发展水平不同，故采用各省域实际利用外商直接投资额与该省域GDP的比值来测度FDI（宛群超和邓峰，2017），也采用人均占比（lnpfdi）进行稳健性检验。

3. 中介变量

中介变量是产业结构升级（lncs），采用前文计算得来的产业结构升级指数来表示。

4. 控制变量

本书沿用以往研究，选取以下变量作为控制变量。①固定资产投资（lnfsi）。固定资产投资是新型城镇化水平提高的重要路径，对新型城镇化发展起着较强的拉动作用（徐秋艳等，2019），本书利用各省域全社会固定资产投资额与GDP的比值来测定，反映各地区固定资产投资水平。②人力资本水平（lnhum）。一般情况下，各省域人力资本水平越高，知识溢出效应越强，越会促进经济增长方式的转型和产业结构的优化调整，服务于城镇化与信息化深度融合。本书利用每十万人高等学校平均在校人数来衡量各省域人力资本水平。③经济发展水平（lnagdp），用人均GDP来衡量地区经济发展水平。④科技进步（lntec）。测度科技进步的指标较多，但考虑到全国历史数据的可获得性与统计口径的一致性，本书选取人均专利授权量来反映科技进步。⑤工业化率（lnind）。工业生产能够为新型城镇化建设提供物质基础，但同时工业生产中的污染物排放也会给居民生活环境带来负面影响进而影响新型城镇化质量。本书选用各地区工业增加值与GDP的比值来表示工业化率。⑥市场化水平（lnmar）。新型城镇化建设的过程同时也是人才、资源等要素流动和配置的过程。市场作为有效的要素配置手段，在新型城镇化建设过程中发挥着重要作用。一般来说，市场化水平越高的地区，其要素配置效率也越高。同时，我国是一个通过渐进式改革而建立市场经济体制的国家，因此市场化水平应当被纳入城镇化建设的分析框架中。本书采用各地区非国有固定资产投资额占全社会固定资产投资额的比重来表示市场化水平。⑦政府支持（lngov）。政府参与度在一定程度上会对新型城镇化产生影响，一般情况下，政府支持能够推动新型城镇化的发展。本书选用人均政府公共预算财政支出来表示地区政府支持。⑧地区消费水平（lncom）。消费能够驱动经济增长，带动其他方面的需求，推动新型城镇化发展。本书选用各地区消费水平来表示相应地区的消费状况。⑨城市空间集聚水平（lnagg）。城市空间集聚水平越高，土地利用效率越高，新型城镇化发展水平越高。这里采用建成区占城市面积的比重来表示相应地区的城市空间集聚水平。本书选取2004～2020年30个省域相关研究变量的面板数据作为研究样本，对实际利用外商直接投资额按相应年份的人民币对美元的年平均汇价进行相应折算。部分缺失数据采用插值法予以补齐，同时为了削弱异方差和异常值对数据平稳性的影响，所有数据均进行对数处理，结果如表6-3所示。

表6-3 变量描述性统计分析

变量	频数	平均值	标准差	最小值	中位数	最大值
lny	510	0.345	0.306	−0.174	0.325	1.334
lnfdi	510	3.264	0.889	1.228	3.016	7.234
lnpfdi	510	9.110	1.398	5.875	8.910	13.953
lncs	510	0.312	0.413	−0.417	0.248	1.517
lnfsi	510	−0.455	0.467	−4.030	−0.388	0.619
lnhum	510	7.682	0.417	6.138	7.716	8.839
lntec	510	1.129	1.329	−2.041	1.150	4.098
lnagdp	510	0.972	0.859	−3.648	1.077	2.983
lncom	510	4.827	0.796	2.585	4.897	6.433
lnmar	510	4.242	0.213	3.667	4.251	4.922
lngov	510	2.990	0.858	−3.272	2.973	6.507
lnind	510	3.600	0.290	2.455	3.673	4.084
lnagg	510	3.287	0.538	1.738	3.260	5.735

第四节 基于空间面板数据模型的实证分析

一、空间相关性检验

存在空间相关性是使用空间计量方法的必要前提，通常可以从整体和局部两个方面进行检验。使用Stata17软件基于反距离矩阵对FDI、产业结构升级与新型城镇化包容性发展水平进行全局莫兰指数（Moran's I）测算，结果如表 6-4 所示。由表 6-4 可知，2004~2020 年我国省域 FDI、产业结构升级与新型城镇化包容性发展水平的 Moran's I 均在 1% 的水平下显著为正，说明我国 FDI、产业结构升级及新型城镇化包容性发展水平在空间上存在着明显的正相关效应，可以进行空间计量模型分析。

表 6-4　2004~2020 年我国省域 FDI、产业结构升级与
新型城镇化包容性发展水平的 Moran's I

年份	lny			lncs			lnfdi		
	I	Z	P-value*	I	Z	P-value*	I	Z	P-value*
2004	0.296	3.477	0.000	0.402	4.616	0.000	0.183	2.258	0.012
2005	0.313	3.649	0.000	0.404	4.617	0.000	0.222	2.664	0.004
2006	0.396	4.562	0.000	0.424	4.825	0.000	0.203	2.467	0.007
2007	0.344	3.966	0.000	0.427	4.869	0.000	0.158	2.061	0.020
2008	0.345	3.989	0.000	0.428	4.869	0.000	0.16	2.077	0.019
2009	0.348	4.022	0.000	0.425	4.832	0.000	0.168	2.156	0.016
2010	0.372	4.274	0.000	0.421	4.802	0.000	0.211	2.552	0.005
2011	0.362	4.164	0.000	0.418	4.758	0.000	0.201	2.451	0.007
2012	0.365	4.184	0.000	0.378	4.350	0.000	0.225	2.695	0.004
2013	0.399	4.558	0.000	0.370	4.275	0.000	0.235	2.808	0.002
2014	0.400	4.568	0.000	0.364	4.230	0.000	0.246	2.93	0.002
2015	0.405	4.627	0.000	0.336	3.898	0.000	0.245	2.93	0.002
2016	0.404	4.676	0.000	0.312	3.647	0.000	0.21	2.559	0.005
2017	0.374	4.456	0.000	0.321	3.733	0.000	0.161	2.03	0.021
2018	0.312	4.049	0.000	0.301	3.500	0.000	0.19	2.341	0.010
2019	0.268	3.715	0.000	0.279	3.348	0.000	0.208	2.528	0.006
2020	0.236	3.017	0.001	0.226	2.701	0.003	0.164	2.414	0.008

图 6-2 展示了 2004~2020 年我国 FDI、产业结构升级及新型城镇化包容性发展水平的 Moran's I 的变动趋势。

图 6-3 分别展示了 2020 年 FDI、产业结构升级的莫兰散点图，体现的是局部莫兰指数的集聚效应，30 个省份主要集中于第一、第三象限，即各省的 FDI、产业结构水平呈现高—高集聚和低—低集聚的分布状态，表明我国各省

份的 FDI、产业结构水平在空间分布上存在较明显的正空间相关性，这意味着地理空间因素是影响 FDI、产业升级的重要因素之一。

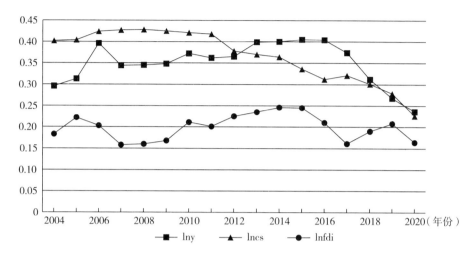

图 6-2　2004~2020 年我国 FDI、产业结构升级及新型城镇化
包容性发展水平的 Moran's I 变动趋势

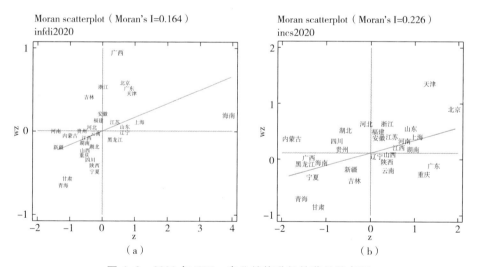

图 6-3　2020 年 FDI、产业结构升级的莫兰散点图

二、空间面板模型的选择与设定

考虑到可能存在多重共线性，故在进行回归分析前先对各变量进行多重共线性检验。结果可见，VIF 均不大于 10，因此，不存在多重共线性。为了选择

恰当的空间计量面板模型，需要先对非空间面板模型进行回归，以便根据非空间面板模型的拉格朗日乘数检验（LM）、似然比检验（LR）来选择合适的空间面板模型。判断 LM 检验是否存在空间相关性，LR 检验空间杜宾模型能否退化为空间滞后和空间误差模型。此外，通常采用 Hausman 检验来判断固定效应模型与随机效应模型的有效性。相关检验结果如表 6-5 所示。

表 6-5　基于反距离矩阵的 LM 检验及 LR 检验结果

检验	统计值	p 值	检验	统计值	p 值
空间误差：			空间滞后：		
LM 检验	32.888***	0.000	LM 检验	114.551***	0.000
稳健的 LM 检验	12.690***	0.000	稳健的 LM 检验	94.352***	0.000
LR 检验	23.31***	0.009	LR_空间误差检验	55.70***	0.000
Hausman 检验	688.60***	0.000			

注：***表示1%的显著性水平。

由表 6-5 可知，经 LM 检验，空间误差项与空间滞后项的拉格朗日乘子统计量在 1% 的水平下拒绝原假设，说明空间误差效应与空间滞后效应显著存在，且 LR 空间误差与空间滞后检验的统计量分别为 23.31、55.70，均在 1% 的水平下通过显著性检验，拒绝空间杜宾模型可以转化为空间误差模型、空间滞后模型的原假设。此外，Hausman 检验通过了 1% 的显著性检验，即随机效应模型被拒绝，应当采用固定效应模型，故本书选择空间杜宾（SDM）模型进行分析。

三、FDI 对新型城镇化包容性发展水平的影响

（一）基准回归结果分析

本书选择空间杜宾模型分析 FDI 对新型城镇化包容性发展水平的影响。表 6-6 显示了基于时间固定效应的空间杜宾模型逐步加入控制变量后，在不同模型下 FDI 对新型城镇化包容性发展水平的影响，列（1）是仅考虑 FDI 时的空间杜宾模型，列（2）、列（3）、列（4）是依次加入控制变量的空间杜宾模型。由表 6-6 可知，空间滞后项的相关系数显著为正，且均在 1% 的水平下通过了显著性检验，说明各省份新型城镇化包容性发展水平在空间上显著正相关，某一省份的新型城镇化包容性发展水平在一定程度上受到了空间特征相似

省

表6-6 模型回归结果

	（1）	（2）	（3）	（4）	（5）	（6）
	SDM1	SDM2	SDM3	SDM4	SAR	SEM
lnfdi	0.126*** （-15.65）	0.036*** （-5.97）	0.025*** （-4.00）	0.032*** （-5.18）	0.029*** （-5.37）	0.031*** （-5.71）
lnfsi		-0.101*** （-7.20）	-0.090*** （-6.52）	-0.072*** （-5.72）	-0.063*** （-4.95）	-0.051*** （-3.78）
lnhum		0.044*** （-2.90）	0.035** （-2.23）	-0.008 （-0.52）	-0.045*** （-2.90）	-0.038** （-2.44）
lntec		0.125*** （-20.16）	0.090*** （-12.02）	0.093*** （-12.96）	0.108*** （-16.88）	0.113*** （-16.66）
lnagdp			0.017*** （-2.59）	0.008 （-1.45）	0.021*** （-3.73）	0.015*** （-2.77）
lncom			0.112*** （-5.78）	0.146*** （-7.34）	0.142*** （-7.40）	0.152*** （-7.56）
lnmar				-0.158*** （-6.61）	-0.161*** （-7.18）	-0.137*** （-5.81）
lngov				0.01 （-1.37）	0.007 （-1.01）	0.008 （-1.08）
lnind				-0.053*** （-3.32）	-0.080*** （-5.49）	-0.079*** （-5.63）
lnagg				0.007 （-0.79）	-0.006 （-0.76）	-0.002 （-0.21）
Spatial	0.243***	0.177**	0.317***	0.139*	0.231***	
rho	-3.30	-2.25	-4.23	-1.7	-6.2	
lambda						0.301*** （-3.61）
Variance	0.014***	0.005***	0.004***	0.003***	0.004***	0.004***
sigma2_e	-14.38	-14.32	-14.14	-14.42	-14.24	-14.36
R^2	0.197	0.709	0.313	0.380	0.951	0.938
ll	299.231	523.043	555.86	619.911	585.269	572.493
aic	-586.461	-1010.09	-1059.72	-1155.82	-1106.54	-1120.99
bic	-562.22	-937.362	-954.673	-986.132	-977.25	-1072.5
样本量	510	510	510	510	510	510

注：***、**、*分别表示1%、5%、10%的显著性水平，括号内为t值。

份的影响地理位置越相邻或者越接近，越有利于相邻省份之间的空间溢出效应，这将促进相邻省份间的资源共享、产业集聚以及知识扩散，进而形成新型城镇化包容性发展水平的空间集聚分布。FDI 均在 1% 的水平下显著，这一结果很好地验证了前文的理论模型和推论，可以认为，地区 FDI 对新型城镇化包容性发展水平具有一定的直接作用，地区外商直接投资可吸引地区城镇人口集聚、产业集聚，提高地区城镇化基础设施建设水平，进而促进新型城镇化包容性发展水平。列（5）、列（6）基于 SAR 模型、SEM 模型进一步验证了模型结果的稳健性。

LeSage 和 Pace（2009）认为，直接效应和间接效应能够说明各变量真实的空间溢出效应，基于前文的分析结果，本书选取基于空间地理距离权重矩阵的空间杜宾时间固定模型进行效应分解，探究新型城镇化包容性发展水平提升的动力因素的直接效应（省份内）和间接效应（省份间），结果如表 6-7 所示。

表 6-7　基于空间地理距离权重矩阵的空间杜宾（时间固定）模型效应分解

	直接效应		间接效应		总效应	
	系数	t 统计量	系数	t 统计量	系数	t 统计量
lnfdi	0.033 ***	5.09	0.059 ***	2.67	0.092 ***	3.64
lnfsi	−0.076 ***	−6.22	−0.177 ***	−4.17	−0.254 ***	−5.45
lnhum	−0.005	−0.32	0.077	1.43	0.072	1.24
lntec	0.094 ***	13.78	0.085 ***	4.52	0.179 ***	9.54
lnagdp	0.007	1.24	−0.061 ***	−3.72	−0.054 ***	−2.87
lncom	0.139 ***	7.17	−0.294 ***	−4.30	−0.156 **	−2.15
lnmar	−0.165 ***	−6.64	−0.357 ***	−4.35	−0.522 ***	−6.03
lngov	0.009	1.28	−0.040 *	−1.95	−0.031	−1.52
lnind	−0.050 ***	−3.03	0.074	1.50	0.024	0.40
lnagg	0.006	0.66	−0.042	−1.21	−0.036	−0.89

注：***、**、* 分别表示 1%、5%、10% 的显著性水平。

由表 6-7 可知，FDI 对新型城镇化包容性发展水平有正向的直接效应，通过了 1% 的显著性检验，即 FDI 能够显著地推动新型城镇化包容性发展水平的提升。同时，邻近省份 FDI 的流入对新型城镇化包容性发展也发挥着一定的推动作用。具体而言，邻近省份 FDI 的流入水平每提高 1 个百分点，本省的新型城镇化包容性发展水平提高 0.059 个百分点。这表明邻近省份 FDI 的流入水平对本省新型城镇化产生了竞争效应和空间溢出效应，相互之间竞相引入 FDI，出台优惠政策，提供便利条件，可显著地激发 FDI 空间集聚的正外部性（宛群超和邓峰，2017）；FDI 对新型城镇化包容性发展水平的总效应为正，通过了 1% 的显著性检验。此外，FDI 的间接效应大于直接效应，这说明邻近省份 FDI 的流入对本省的新型城镇化包容性发展水平产生了更大的作用。

在控制变量中，科技进步对新型城镇化包容性发展水平的直接效应、间接效应及总效应在统计上显著为正，这说明其有助于区域内的新型城镇化包容性发展，这与传统研究结果及事实相符。消费水平对新型城镇化包容性发展水平的直接效应显著为正，这说明本省消费水平的提升能够直接加快本省新型城镇化包容性发展的进程；消费水平对新型城镇化包容性发展水平的间接效应显著为负，这说明邻近省份的消费水平对本省新型城镇化包容性发展起着反向作用。固定资产投资、市场化水平对新型城镇化包容性发展水平的直接效应、间接效应及总效应在统计上显著为负，这说明无论是本省份还是邻近省的固定资产投资、市场化水平均对新型城镇化包容性发展存在着一定的抑制作用。经济发展水平与政府支持对新型城镇化包容性发展水平的直接效应为正，但效应不显著，这说明本省的经济发展水平与政府支持能够直接推动本省新型城镇化包容性发展的进程，不过这种影响不明显；经济发展水平与政府支持对新型城镇化包容性发展水平的间接效应显著为负，这说明邻近省份的经济发展水平、政府支持对本省新型城镇化包容性发展起着反向作用。工业化率对新型城镇化包容性发展水平的直接效应在统计上显著为负，说明其不利于省内的新型城镇化包容性发展，工业化虽可为新型城镇化建设提供物质基础，但工业生产中的污染物排放又会对居民生活环境产生负面效应，进而影响新型城镇化包容性发展；工业化率对新型城镇化包容性发展水平的间接效应及总效应为正，但并不显著，说明省域间工业化发展能够直接推动新型城镇化包容性发展，不过这种影响不明显。人力资本水平对新型城镇化包容性发展水平的直接效应为负，间接效应和总效应为正，均不显著。人力资本水平直接效应的系数远远小于间接效应的系数，说明周围省份人力资本水平的提高能够正向地促进本省新型城镇化包容性发展水平。

（二）稳健性检验

首先，由于不同的空间权重矩阵会影响空间计量结果的稳健性，所以本书采用两个省会城市间经济地理距离的倒数来建立经济地理距离权重矩阵。同样采用基于地理距离矩阵效应的空间杜宾（时间固定）模型，逐步加入控制变量，分析不同模型下 FDI 对新型城镇化包容性发展水平的影响，结果如表 6-8 所示，模型结果具有稳健性。其次，仍基于地理距离矩阵但采用替换核心解释变量的方法验证模型的有效性。表 6-9 是将核心解释变量替换为外商投资企业投资总额人均数的对数进行检验的结果，表明 FDI 对新型城镇化包容性发展具有正向作用，进一步验证了模型结果的稳健性。最后，尝试对被解释变量进行替换。表 6-10 是将被解释变量替换成人口城镇化率进行检验的结果，表明 FDI 对人口城镇化率有正向影响，且影响效应远大于对新型城镇化包容性发展的影响。

表 6-8   稳健性检验一

	(1)	(2)	(3)	(4)	(5)	(6)
	SDM1	SDM2	SDM3	SDM4	SAR	SEM
lnfdi	0.052 *** (−9.29)	0.021 *** (−4.68)	0.022 *** (−4.72)	0.023 *** (−4.21)	0.020 *** (−4.02)	0.030 *** (−5.87)
Spatial	0.522 ***	0.182 ***	0.257 ***	0.213 ***	0.412 ***	
rho	−12.22	−3.17	−4.55	−3.51	−10.77	
lambda						0.397 *** (−5.28)
Variance	0.005 ***	0.003 ***	0.003 ***	0.002 ***	0.003 ***	0.004 ***
sigma2_ e	−14.29	−14.41	−14.62	−13.79	−13.86	−13.97
R^2	0.279	0.793	0.772	0.916	0.958	0.939
ll	494.613	647.799	655.489	671.306	617.013	578.403
aic	−977.226	−1259.598	−1258.977	−1258.611	−1170.026	−1132.806
bic	−952.985	−1186.873	−1153.93	−1088.92	−1040.738	−1084.323
样本量	510	510	510	510	510	510

注：***表示1%的显著性水平，括号内为 t 值。

表 6-9　稳健性检验二

	（1）	（2）	（3）	（4）	（5）	（6）
	SDM1	SDM2	SDM3	SDM4	SAR	SEM
lnpfdi	0.117 *** （-22.91）	0.046 *** （-9.36）	0.038 *** （-6.86）	0.044 *** （-7.88）	0.036 *** （-7.24）	0.037 *** （-7.59）
Spatial	0.056	0.137 *	0.295 ***	0.151 *	0.216 ***	
rho	-0.71	-1.76	-3.98	-1.88	-5.88	
lambda						0.268 *** （-3.18）
Variance	0.010 ***	0.004 ***	0.004 ***	0.003 ***	0.003 ***	0.004 ***
sigma2_e	-14.49	-14.64	-14.51	-14.21	-14.27	-14.39
R^2	0.773	0.778	0.201	0.225	0.952	0.939
ll	374.815	545.33	572.176	636.82	596.311	584.207
aic	-737.63	-1054.66	-1092.351	-1189.64	-1128.622	-1144.415
bic	-713.388	-981.936	-987.305	-1019.949	-999.333	-1095.931
样本量	510	510	510	510	510	510

注：***、*分别表示1%、10%的显著性水平，括号内为 t 值。

表 6-10　稳健性检验三

	（1）	（2）	（3）	（4）	（5）	（6）
	SDM1	SDM2	SDM3	SDM4	SAR	SEM
lnfdi	0.179 *** （-20.04）	0.105 *** （-12.42）	0.074 *** （-9.35）	0.082 *** （-10.64）	0.071 *** （-10.34）	0.069 *** （-10.07）
Spatial	0.555 ***	0.031	-0.154 *	-0.363 ***	0.014	
rho	-9.29	-0.36	（-1.72）	（-4.07）	-0.32	
lambda						-0.389 *** （-4.25）
Variance	0.018 ***	0.010 ***	0.007 ***	0.005 ***	0.006 ***	0.005 ***
sigma2_e	-14.07	-14.48	-14.43	-14.71	-14.49	-14.3
R^2	0.405	0.794	0.812	0.722	0.839	0.831
ll	235.789	380.700	454.680	517.219	489.941	498.476
aic	-459.579	-725.400	-857.360	-950.437	-915.881	-972.951
bic	-435.337	-652.675	-752.313	-780.746	-786.593	-924.468
样本量	510	510	510	510	510	510

注：***、*分别表示1%、10%的显著性水平，括号内为 t 值。

四、产业结构升级的中介效应检验

进一步考察产业结构升级作为中介渠道在 FDI 对新型城镇化包容性发展影响中的效应，回归结果如表 6-11 所示。在中介效应检验中，系数的变化是本书关注的重点。列（1）考察未加入中介变量之前，FDI 对新型城镇化包容性发展水平的回归系数为 0.032，并且在 1%的水平下显著，这一结果与表 6-6 全样本回归结果具有一致性；列（2）考察 FDI 对产业结构升级的影响，其系数同样显著为正，这表明 FDI 有效促进了产业结构升级；列（3）将 FDI 和产业结构升级同时加入模型，FDI 与产业结构升级对新型城镇化包容性发展水平的影响仍然显著，但影响系数从 0.032 下降到了 0.024，下降幅度较大，表明 FDI 对新型城镇化包容性发展水平的影响是通过产业结构升级这一中介渠道实现的。

表 6-11　产业结构升级对城镇化的中介效应

	lny		lncs		lny	
	系数	标准误差	系数	标准误差	系数	标准误差
lnfdi	0.032***	−0.006	0.044***	−0.013	0.024***	0.005
lncs					0.226***	0.021
Control	Yes		Yes		Yes	
obs	510		510		510	
R²	0.38		0.829		0.412	
Sobel 检验	Z=3.229>0.97，中介效应显著					
中介效应	中介效应 0.044×0.226＝0.009					
	中介效应÷总效应＝0.044×0.226÷0.032＝31.08%					

注：限于空间模型的限制，本书采用 Sobel 统计量代替 Bootstrap 检验。为节省篇幅，此处用 Control 表示 lnagdp 等控制变量。***表示 1%的显著性水平。

为了更好地验证中介效应的存在，本书进一步采用 Sobel 检验，对以上中介效应进行检测，结果如表 6-11 所示。Sobel 检验中的 Z 统计量为 3.229，大于 5%显著性水平上的临界值 0.97，因而影响路径中存在以产业结构升级为中介变量的中介效应，该中介效应在总效应中的占比为 31.08%，具有现实指导意义。这表明产业结构升级发挥了部分中介效应，FDI 的确通过产业结构升级对新型城镇化包容性发展产生了影响，这一结果支持了上述有关中介效应的论证。表6-11的回归结果再次说明，FDI的增加有效推动了产业结构升级，为新型城镇化包容性发展提供了重要动力，促进了产业集聚、人口集聚，从而促进了新型城镇化包容性发展。

第五节　研究结论和政策建议

一、研究结论

FDI可能通过直接效应、技术溢出效应、集聚效应、结构效应以及累积效应等路径影响产业结构升级路径进而影响新型城镇化包容性发展。本书基于空间计量模型研究发现：①全国层面的新型城镇化包容性发展水平与产业结构升级综合指数在2004~2020年逐步递增，但存在明显的区域差距。②Moran's I指数表明，我国省域FDI、产业结构升级和新型城镇化存在空间相关性，且存在正向的空间溢出效应。局域Moran's I散点图表明，新型城镇化包容性发展水平存在局域空间相关性。③通过空间效应分解发现，我国各省份FDI、邻近省份的FDI对本省新型城镇化包容性发展水平存在显著的促进作用。④FDI对新型城镇化包容性发展水平的影响部分是通过产业结构升级这一中介渠道实现的，该中介效应在总效应中的占比为31.08%。

二、政策建议

统筹区域协调发展以实现外商直接投资在中国东、中、西部地区合理布局。外商直接投资在我国存在空间相关性，且存在正向的空间溢出效应。各级地方政府应当立足于国家双循环新发展格局，基于本地区的实际发展状况，促进本地区外商直接投资的合理流入，充分发挥外商直接投资的空间集聚效应。

合理利用外商直接投资产业梯度转移促进新型城镇化包容性发展。目前，由于地理禀赋、经济发展、国家政策等原因，外资企业大量聚集在东部地区，致使资本收益率呈下降趋势。而中西部地区的工业化、城镇化发展相对落后，通过外商直接投资产业梯度转移推进新型城镇化包容性发展具有较大空间。各级政府应该采取措施，引导和支持外资企业向中西部地区转移，使外资产业在我国从沿海地区按照梯度往西北地区延伸，促进地区均衡发展。

合理利用外资来推动我国产业结构升级。产业结构升级有利于正向促进新型城镇化包容性发展。随着我国进入新发展阶段，尤其是新冠肺炎疫情暴发以来，中央多次强调加快形成以国内大循环为主体、国内国际双循环相互促进的新发展格局，对产业结构升级也提出了更为迫切的要求。我国要建立一个从重工业到轻工业，从制造业到服务业，从劳动密集型、资本密集型到高科技产业门类相对齐全、相对完整的工业体系，那些低附加值、缺乏高新技术支持、劳动密集型的外商直接投资自然不利于我国经济结构调整和产业结构升级，甚至会阻碍我国新型城镇化包容性发展。我们应选择有益于经济社会发展、生态环境改善、产业结构升级的外商直接投资，从而实现我国经济社会高质量发展，进而推动中国新型城镇化朝着更加现代化、健康、包容的方向前进。

第七章
国内外推进城镇化包容性
发展的典型模式和经验借鉴

本章运用案例分析法，对国内外城镇化包容性发展实践进行分析与研究，进而总结出城镇化包容性发展的经验与启示。国外城镇化发展模式比较成熟的有：以西欧国家为代表的政府调控型模式、以美国为代表的自由放任型模式、以拉美为代表的政府主导型被动模式。国内城镇化发展典型模式主要有成都大城市带动郊区发展模式、天津以人为本绿色发展模式、珠三角产业聚集带动人口聚集模式、苏南小城镇发展模式、温州市场主导型发展模式。

第一节　国外推进城镇化包容性发展的典型模式

一、西欧模式——政府调控型城镇化

英国、德国、法国等西欧国家的城镇化过程，既存在共同特点又有自身特色。共同点：一是同步推进工业化；二是同时推进法治化；三是市场机制、政府调控相结合。自身特色：①英国同步推进城市与农村变革。英国工业革命推进了农村技术革命，而圈地运动则引发了农业生产组织方式的转变，促进了农村剩余劳动力向城区的转移，从而推进了城镇化进程。②法国以中心城市带动中小城市发展。法国中心城区的人口出现负增长，人口逐渐以大城市为中心向四周扩散，进而形成了"大城市带动中小城市"的城镇化模式。③德国在推进城镇化进程中，为缓解中心城区的开发压力，在中心城区四周建立了卫星城，

逐步形成"分散化的集中型"城市规划布局。

1. 英国城镇化模式

英国是世界上较早启动城镇化进程的国家，且是较早实现城镇化的国家，其城镇化进程可分为四个阶段：一是起步阶段（18世纪中叶之前），二是快速发展阶段（18世纪中叶至19世纪中叶），三是加快发展阶段（19世纪中叶至20世纪初），四是高度城镇化阶段（20世纪初期至今）。根据孔翠芳等（2021）的研究结果以及世界银行公布的英国城镇人口占比，笔者绘制了1750~2020年英国城镇化率折线图（见图7-1）。

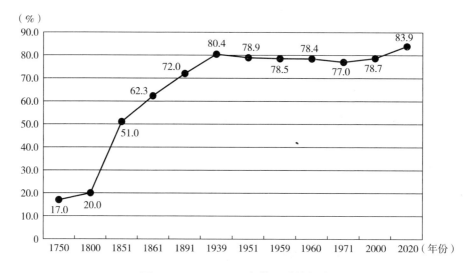

图7-1　1750~2020年英国城镇化率

第一阶段：起步阶段（18世纪中叶之前）。英国自16世纪开始海外掠夺，18世纪中期以后成为世界上最大的殖民抢夺国家。通过开拓海外市场，英国的城镇化进程快速推进，1750年城镇化率达到17.0%。第二阶段：快速发展阶段（18世纪中叶至19世纪中叶）。英国城镇化的快速发展始于18世纪60年代，与工业革命同步（高珮义，2004）。历时数世纪的圈地运动、始于17世纪的农业革命和科技革命、与海外殖民地的国际贸易和金融联系、大量机械化工厂的兴起，促进了农业生产力的提高和生产方式的改变，城乡同步变革共同推动英国农村剩余劳动力向城镇转移。1851年英国城镇化率超过50%，比德国实现城镇化的时间早了近50年，提前一个半世纪达到了目前的世界城镇化平均水平。第三阶段：加快发展阶段（19世纪中叶至20世纪初）。这一时期英国政府采取"自由放任"的政策理念，工业向规模化、集中化发展，城镇化率由 1851 年的 51.0% 提高到 1901 年的 75.0%，基本形成了大伦敦市、兰开夏东南部城镇群等六大城镇群。此外，一批新兴工业城镇拥有交通运输优势、大量就业机会，劳动力聚集又带动了相关服务业的发展，使人口规模快速增长，城市规模迅速扩大，如伯明翰的人口从 23.3 万增加到 52.3 万，利物浦的人口从 37.6 万增加到 70.4 万，曼彻斯特的人口从 30.3 万增加到 64.5 万（高宝华，2017）。第四阶段：高度城镇化阶段（20 世纪初期至今）。这一期间英国城镇化水平较高，稳定在 80% 左右，处于高度城镇化阶段。但随着城镇化的不断发展，环境污染、交通拥堵等问题逐渐凸显，城镇化进程明显放缓且有下降趋势，在这种情况下，政府颁布了一系列法规。例如，1909 年颁布了《住宅与城市规划法》，1936 年通过"绿带开发限制法案"，1945 年颁布了《工业分布法》，1946 年颁布了《新城法》，1947 年颁布了《城乡规划法》，1949 年颁布了《国家公园和乡村通道法》，1952 年颁布了《城镇发展法》，2004 年修订了《城乡规划法》，这些法规政策充分发挥了公共政策的作用，强化了地方政府在城镇化发展中的作用。

2. 法国城镇化模式：中心城市带动中小城市发展的城镇化

法国是欧洲城镇化发展比较缓慢的国家，其城镇化进程可分为两个阶段：一是初步发展阶段（19 世纪 30 年代至 20 世纪 30 年代），二是加速发展阶段（二战以后至今）。根据孔翠芳等（2021）的研究结果及世界银行公布的法国城镇人口占比，笔者绘制了 1830~2020 年法国城镇化率折线图（见图 7-2）。

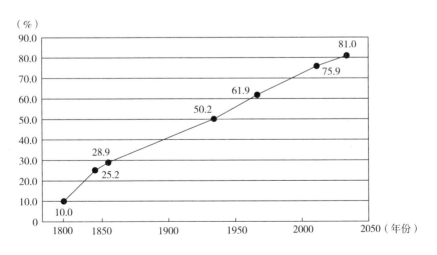

图 7-2　1830~2020 年法国城镇化率

第一阶段：初步发展阶段（19世纪30年代至20世纪30年代）。历时一个世纪，法国城镇化率从1830年的10.0%上升到1931年的50.2%，增长比较平缓。这是由于法国小农经济特征突出，工业化进程缓慢，受到工业化的限制，城镇化进程也比较缓慢。其中，1847年经济危机导致农村家庭工业开始衰弱，而1830年以后工业迅速发展加大了城市的吸引力，于是城市移民不断增加。从19世纪中期起，大量农村人口流入城市。20世纪20年代法国第一次世界大战后经济恢复速度较快，1931年工业产值占国民生产总值的56%，基本上实现了工业化；农业也在1925年恢复到了战前水平。工业高速发展使法国城市急需劳动力，而农业机械化和专业化使农业就业人口缩减了14%，大批农村人口离乡入城（马生祥，2004）。第二阶段：快速发展阶段（二战以后至今）。二战后，法国城镇化进程加快，城镇化发展以中心城市为主，人口呈现向大城市集聚的趋势，然后向周边扩展，大城市发展缓慢，中小城市在城镇化体系中占据了重要地位。1954年起，法国开始"领土整治"，通过大力发展落后地区、禁止大城市建立大型工厂，调整工业布局、城市布局，目的之一就是限制大城市的发展，发展中小城市，促进城市协调发展。1960年城镇化率达到61.9%，随后一直呈现稳定上升态势，2020年达到81.0%，不过法国重工业发展相对落后，几乎没有出现新的工业城市，所以除了首都巴黎以外，没有人口规模在200万以上的大城市。

3. 德国城镇化模式：分散型的集中城镇化

相较于英国和法国，德国的城镇化进程处于后发态势，始于19世纪中叶，主要包括三个阶段：一是初步发展阶段（19世纪40年代至70年代），二是加速发展阶段（19世纪80年代至20世纪初），三是高度发展阶段（二战以后至今）。根据孔翠芳等（2021）的研究结果与世界银行公布的德国城镇人口占比，笔者绘制了德国1870~2020年的城镇化率折线图，如图7-3所示。

第一阶段：初步发展阶段（19世纪40年代至70年代）。这一时期，德国城市数量和人口快速增加，城市规模不断扩大。同时，城市功能日益多样化，出现了一批以工矿为主的新兴城市，如多特蒙德、杜塞尔多夫、杜伊斯堡等。第二阶段：快速发展阶段（19世纪80年代至20世纪初）。19世纪后期德国创造了良好的政治环境，政府强力推进工业化，德国城市化包括农村城镇化由此进入高潮。在1870年德国城镇化率已达36.1%，这一阶段，城镇化进程逐步加快，人口不断增长，城市行政区划也不断向外扩展。1890~1900年，德国城镇化率由42.5%增至54.4%，年均上升近1.2%，在工业大力发展的城市，交

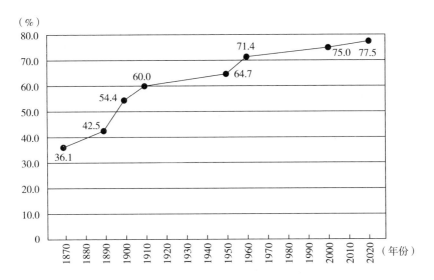

图 7-3　1870~2020 年德国城镇化率

通运输业、商贸流通业也相应兴起，劳动力向邻近地区聚集，经济均衡发展，中小城市、小城镇占比大，大城市占比小。第三阶段：高度发展阶段（二战以后至今）。二战后，两德分裂、联邦制结构、公平发展理念及"分散型集聚"城镇空间发展战略，使德国逐步形成了均衡、分散的城镇空间结构，有效缓解了大城市人口集聚和土地问题。1960 年德国城镇化率上升至 71.4%，近年来一直缓慢上升，2020 年城镇化率达 77.5%。

二、美国模式——自由放任型城镇化

19 世纪初期，几乎 90% 的美国人生活在农村，而到 21 世纪初期，80% 的美国人生活在城市。美国的城镇化模式可概括为"农业及外来人口转移、城市集聚、人口逆转回流、发展小城镇、实现城乡一体化"（孔翠芳等，2021）。其城镇化发展过程可以划分为四个阶段：一是起步阶段（1810~1860 年），二是快速发展阶段（1861~1920 年），三是高度城镇化阶段（1921~1960 年），四是缓慢发展阶段（1961 年至今）。根据孙红和张乐柱（2016）、孔翠芳等（2021）的研究结果及世界银行公布的美国城市人口占比，绘制了 1810~2020 年美国城镇化率折线图，如图 7-4 所示。

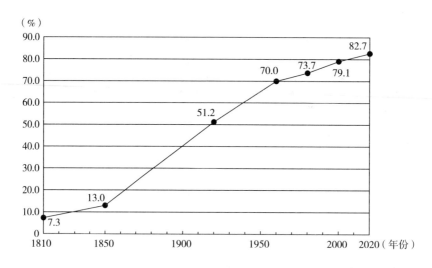

图 7-4　1810～2020 年美国城镇化率

第一阶段：起步阶段（1810～1860 年）。美国城镇化率从 1810 年的 7.3% 增长到 1850 年的 13.0%，这一阶段，经济发展主要依靠丰富的自然资源和外来移民的涌入，机器制造业、钢铁工业、交通航运业取得了较突出的成就。第二阶段：快速发展阶段（1861～1920 年）。19 世纪 60 年代，联邦政府和北方工业资本主义在美国南北战争中取得了最终胜利，在工业资本主义体制的良好背景下，石油等新兴工业迅速发展起来，并大力推动了城镇化发展。1920 年，美国城镇化率超过了 50%，达到了 51.2%，生活在城市的人数超过了生活在农村的人数。第三阶段：高度城镇化阶段（1921～1960 年）。第二次世界大战的爆发，使居住在城市的人们失去了工作，开始迁往既非农村也非城市的地区，这些地区被称为郊区。20 世纪 40 年代后，随着汽车的普及，中心城区的人口逐渐移居于城郊地带，逆城镇化开始出现。第四个阶段：缓慢发展阶段（1961 年至今）。自 20 世纪 60 年代美国实施"示范城市"计划以来，小城镇在美国迅速发展起来。随着 20 世纪 80 年代后经济全球化及信息化的发展，美国的基础设施逐步得到完善，城市边缘逐渐发展起来，城市郊区的界线开始变得模糊（王旭，2001）。1980 年美国城镇化率上升至 73.7%，大城市周围的边缘城市开始增加，随着科学技术和信息科技的发展，逐步实现了中心城市、边缘城市以及新兴城市的同步发展。20 世纪 90 年代末，美国政府、学者意识到城市低密度的问题，提出了"精明增长"（Smart Growth）的概念。具体而言，就是减少空间浪费，避免盲目扩张；鼓励公共交通的使用；深入开发土地的多项功能。通过多项措施并行，2000 年美国城镇化率达到了 79.1%。21 世纪初，美国陷入信贷危机，许多人流离失所，这些人重新搬回城市，寻找新的家园和工作。

三、拉美模式——政府主导型被动城镇化

拉丁美洲国家城镇化的快速发展得益于二战后国家调整发展战略加快了资本密集型企业的聚集，加上国家对城市建设投入的加大，忽视农业、农村发展，造成大量农村人口进入城市，促进了大城市的快速发展。

20世纪30年代，拉美各国逐步推行"进口替代"工业化战略，目的是在国家的大力扶植下，有计划地促进国内民族工业发展。这一战略给拉美国家的经济和社会带来了积极影响：其一，许多拉美国家建立起现代工业体系，实现了国民经济部门结构的调整优化。其二，经济高速增长。拉美国家的城镇化就是在这样的大背景下展开的。20世纪30~70年代是拉美国家进口替代工业化时期，也是其城镇化加速发展的时期。1920年拉美地区的城市人口比重为22%，1950年达到了41.8%。20世纪80年代初，除中美洲的少数国家外，主要拉美国家的城市人口比重都超过了50%。不仅如此，拉美还成为发展中国家城镇化水平最高的地区。1980年拉美地区的城市人口占总人口的64%，1990年占71.9%，1997年占77.7%。1960~2020年拉丁美洲和加勒比地区的城镇化率增长趋势如图7-5所示。

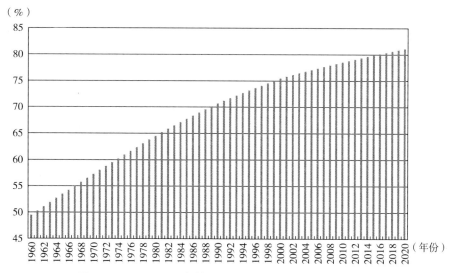

图7-5 1960~2020年拉丁美洲和加勒比地区的城镇化率

资料来源：世界银行。

拉美国家在相对较短的时期内实现了城镇化，欧洲国家的城市人口比重从40%提高到60%用了50年，而拉美国家仅用了25年。拉美国家在城镇化过程中，普遍出现了城市人口高度集中在一个大城市（通常是首都）或少数几个城市的现象（孙鸿志，2007）。

拉美国家的城镇化进程呈现出两个主要特点：一是城镇化与经济发展水平很不协调，城市人口过度增长，城镇化水平明显超过工业化和经济发展水平。例如，用城镇化率与工业化率的比例来比较，城镇化率与工业化率（工业总产值占GDP的比重）的世界平均数不到1.5，而拉美则超过了2.5，远远高于世界平均水平。二是农村人口基本没有增长，而城市人口呈爆炸增长状态。例如，1950年南美大陆总人口为1.1亿，其中农村人口为6430万，2011年南美大陆人口总量已达到5亿，可农村人口不增反降，仅为6300万。这说明，在这60年里，南美大陆的人口大量涌入城市，导致城市"人口爆炸"①。

拉美国家虽在相对较短的时期内实现了城镇化，但城镇化缺少统筹规划，致使城镇化进程"无序""混乱"。拉美国家的城镇化主要存在以下问题：一是农村人口在短时间内快速流入城市，城镇化过程混乱。拉美国家虽然也存在城市间的移民，但农村向城市的移民占绝大多数。城市相对优越的条件吸引着来自农村地区的穷人，但由于缺乏规划，城市没有能力为迅速增加的外来人口提供住房和基本服务（如医疗卫生、文化教育、交通运输、电力供应、给水排水等），造成城镇化过程混乱。二是大城市出现了大批非正规住宅和贫民居住区（贫民窟）。大批农民来到城市后并不能充分就业，收入水平很低，又得不到住房信贷，无法拥有合法的住宅，于是许多移民就通过非法"侵入"的手段占领闲置土地，自己建设住房，其中许多住房是由破木板、旧轮胎、瓦楞铁板等材料建成的。这些非正规的住宅区逐渐发展成贫困阶层居住的大片贫民窟。三是城市中逐渐形成一个"边缘群体"或"边缘阶层"。农村人口大量流入城市，但城市工业并不具备吸收所有劳动力就业的能力，进入城市的这些移民长期处于失业和半失业状态，或主要在城市经济的边缘自我就业谋生。许多人长期处于官方确定的贫困线以下，长期不能合理分享经济增长带来的利益，逐渐形成了城市地区的"边缘群体"，且规模越来越大。1990年，拉美地区的城市贫困家庭占家庭总数的36%，比1980年增加了11个百分点，城市贫困人口绝

---

① 郑秉文. 拉美"过度城市化"与中国"浅度城市化"的比较 [J]. 中国党政干部论坛，2011（7）：42-45.

对数量比 1980 年增加了 5790 万，城市贫困人口成为拉美国家的主要社会问题。"边缘群体"和大量贫困人口的存在，突出反映了拉美国家城镇化进程的混乱，对社会稳定构成现实威胁，不利于社会和谐发展。四是超前和过度城镇化造成自然、社会和生活环境恶化。拉美国家的城镇化与经济发展不协调，城市在发展进程中产生了一系列问题，如城市空气质量恶化、水源污染、交通堵塞、住宅拥挤、贫民区无序扩张、犯罪率上升等，有人将这些问题统称"城市病"（孙鸿志，2007）。

上述问题主要是城镇化超前、城镇化速度超越工农业发展水平、城市发展规划不完备、城乡发展不协调等众多原因造成的，学界称之为"过度城镇化"。"过度城镇化"不仅没有推动拉美地区的经济持续健康发展，没有解决其农村及农业问题，反而使拉美各国陷入了更为棘手的城市危机中。

第二节　国内推进新型城镇化包容性发展的典型模式

近年来，随着新型城镇化进程的不断推进，我国各个地区根据自身实际情况，积极探索具有地方特色的新型城镇化包容性发展道路，积累了丰富的经验。本节选取成都、天津、珠三角、苏南、温州五个地区进行详细分析，总结归纳了成都、天津、珠三角、苏南、温州五个地区的城镇化动力及特点（见表7-1）。

表 7-1　国内城镇化发展典型模式案例

模式类型	具体模式	城镇化动力	特点
成都模式	大城市带动郊区发展模式	以成都市为中心带动周边联系紧密的城镇	一是执行相对宽松、友好的落户政策；二是注重打造城市优良人居环境，建设绿色低碳城市；三是对土地确权颁证，推进农村土地市场化交易；四是确立优势产业，形成以市场为导向的产业集群；五是完善城乡基本公共服务，促进城乡融合发展
天津模式	以人为本绿色发展模式	不断改革创新，加大科技投入	一是不断深化改革，打造良好营商环境；二是推动城乡发展，实施乡村振兴；三是走环境友好型发展之路；四是优化产业结构，助推新型城镇化建设；五是以人为本，关注民生福祉，促进新型城镇化包容性发展

模式类型	具体模式	城镇化动力	特点
珠三角模式	产业聚集带动人口聚集模式	乡村企业的大量发展及外资的融入推动了人口、产业集聚	一是发展外向型经济；二是产业多元化发展；三是城乡融合发展，在发展城镇的同时不忽视乡村的发展；四是现代服务业吸纳就业水平高
苏南模式	小城镇发展模式	以乡镇企业为主体的非农业生产活动促进了小城镇的扩张发展	一是分阶段推进；二是依托乡镇企业创造一批工业和人口重镇；三是以人为本；四是大中小城市协调发展
温州模式	市场主导型发展模式	乡村工业和乡镇企业的蓬勃发展是城镇化的主要动力	一是城镇化与工业化同步推进；二是市场机制与政府调控相结合；三是土地有偿使用；四是户籍制度改革；五是发展以专业市场为基础的专业镇

一、成都模式——大城市带动郊区发展模式

成都地处四川盆地，自古就是农业发达、资源丰富、人口稠密的地区，当前是长江经济带与"一带一路"的交会点，是我国人口第四大城市和经济第七大城市、西南地区重要的国家中心城市。国家统计局公布的数据显示，2020年成都市地区生产总值达到1.77万亿元，在全国城市中排名第七位，人均地区生产总值8.46万元，已经达到世界银行高收入国家标准。第七次全国人口普查数据显示，2020年成都市总人口为2093.78万，其中城镇人口1649.30万，城镇化率为78.77%，基本接近发达国家的水平。成都推进新型城镇化发展采用的是典型的大城市带动大郊区的发展模式，主要做法是执行相对宽松的落户政策，注重打造城市优良人居环境，吸引周边人口流入；对土地确权颁证，建立农村土地产权交易市场，设立建设用地增减指标挂钩机制；以发展较好的区域作为起步点，确立优势产业，形成以市场为导向的产业集群；缩减城乡基本公共服务及社会保障差距，促进城乡融合发展，提高农民的生活水平，使城镇化率逐年提高。成都推进新型城镇化发展的模式具有一定的典型性与代表性，值得学习借鉴。

1. 执行相对宽松、友好的落户政策

成都顺应新型城镇化发展过程中人口向城市中心集聚的潮流，执行相对宽松、友好的落户政策，大力吸引郊区、农村、省内及周边省份的人才流入。2014年以前，购买商品房面积在70平方米以上的市外人员可直接落户。2017

年，《成都实施人才优先发展战略行动计划》规定，45 岁及以下、本科学历及以上的人才可选任一区域落户。近年来，成都市政府通过增设人口引进政策新规进一步放松入"蓉"条件，吸引了大量青年人才落户成都。2020 年实施"居住引导、就业引导、落户区域引导"举措，常住人口就业地或居住地从主城区转移到其他区域的予以加分，积极引导积分落户向郊区新城转移，使成都市人口布局更加均衡。

2. 注重打造城市优良人居环境，建设绿色低碳城市

成都坚定践行习近平生态文明思想，坚守以人为本理念，注重打造城市优良人居环境，建设美丽宜居、绿色低碳、智能现代化城市。2020 年，成都推进公园城市建设示范区，锦江公园绿道全线贯通、锦城公园联网成势、4408 千米绿道串珠成链，让空气常新，增强城市宜居性，吸引人才留下。

3. 对土地确权颁证，推进农村土地产权市场化交易

成都作为全国统筹城乡综合配套改革试验区，在四川省率先打开了阻碍要素流动的制度"闸门"，通过"确实权、颁铁证"，逐步建立健全归属清晰、权责明确、保护严格、流转顺畅的现代农村产权制度。充分运用挂钩政策，以国土交易中心为平台一批一批地搞挂钩交易。首先当中间人先借钱给农村集体，让集体腾出地来把指标，然后用指标跟高价地去换，获得差价，再拿出钱来给农村建设用地投资。在具体实施中，土地确权后，由政府统一实施征购，宅基地也统一进行回收，政府统一规划修建集中居住区，并提供相应的公共服务。

4. 确立优势产业，形成以市场为导向的产业集群

成都诸多地区充分研究地区产业升级的发展规律及与城市发展的关系，抓住产业集聚与产业升级机遇，利用自身资源禀赋，确定优质产业，通过行业抱团发展与专业产业运营商市场化运作机制形成产业集群。例如，彭州引进家纺服装产业、新都木兰镇引进中国塑料城、邛崃羊安镇引进家具产业园区等，按照产业集群运营的新思路，培育核心竞争力，通过产业集群发展，带动传统产业升级，注重提升城镇化质量，科学规划城镇规模与布局，注重空间的有效组合，积极推进新型城镇化包容性发展。在产业向郊区转移的过程中，郊区也完成了产业的提档升级。

5. 完善城乡基本公共服务，促进城乡融合发展

完善医疗、教育等公共服务，不断让农民市民化。国家统计局公布的数据显示，2020 年每千人口执业医师数达 2.81 人，较 2015 年增长了 26.6%。组建义务教育阶段名校集团，统筹协调集团内部资源，大幅增加优质教育资源供给。2021年成都新建和改扩建幼儿园、中小学80所，新增学位10万个。老牌名校通过新建学校扩大优质教育覆盖面，实行一体化的管理和师资共享。此外，城镇社区养老服务设施100%全覆盖，婴幼儿托位达5.5万个，改造老旧小区313个，民生开支不断增加，民生实事逐步落实，城乡一体化发展稳步推进。

二、天津模式——以人为本绿色发展模式

天津地处我国华北平原东北部、海河流域下游，东临渤海、北依燕山、西靠首都北京，是北京通往东北、华东地区铁路的交通咽喉和远洋航运的港口，有"河海要冲"和"畿辅门户"之称。对内腹地辽阔，辐射华北、东北、西北13个省（区、市），是我国北方最大的沿海开放城市；对外面向东北亚，是中蒙俄经济走廊的主要节点、海上丝绸之路的战略支点、"一带一路"的交会点、亚欧大陆桥最近的东部起点。第七次全国人口普查结果显示，2020年11月1日零时，天津市城镇居住人口为1174.44万，城镇化率为84.70%，较2019年城镇化率有所增长。2021年，天津市地区生产总值为15695.05亿元，同比增长6.6%，比2019年增长了8.1%。其中，第一产业增加值为225.41亿元，同比增长2.7%；第二产业增加值为5854.27亿元，同比增长6.5%；第三产业增加值为9615.37亿元，同比增长6.7%。天津市城镇化包容性发展成果喜人，主要通过以下途径获得。

1. 不断深化改革，打造良好营商环境

近年来，天津市出台实施了"津八条""民营经济19条""海河英才"行动计划等一系列政策措施，深入推进"一制三化"改革，实现"32证合一"，除特殊事项外，政务服务事项全部实现"一网通办"，网上实办率达到了98%，从而缩短了企业开办时间。2020年，天津市国有企业混合所有制改革成效显著，17家市管企业实现了集团层面混改，带动792户二级及以下企业引入市场化机制；天津完成滨海新区各开发区法定机构改革后，积极融入"一带一路"建设，在非洲设立了10个"鲁班工坊"，"鲁班工坊"累计达到17家，中欧先进制造产业园、天津意大利中小企业产业园加快建设，综合保税区达到3个，跨境电商进出口规模处于全国前列，国际友城增至92对，成功举办了夏季达沃斯论坛、亚布力论坛夏季峰会、全国糖酒会、外交部天津全球推介会等

展会。① 天津市的商业发展之路为全国各地的城镇化经济建设提供了经验与案例。

2. 推动城乡发展，实施乡村振兴

根据《天津市城市总体规划（2017—2035 年）编制工作方案》中加强城乡统筹，实施乡村振兴的要求，天津市政府统领全局，全面助力乡村振兴，支持乡村优先发展。例如，坚持加快实现农业农村现代化，现代都市型农业持续优化。截至 2021 年，"津农精品"品牌达到 187 个，"菜篮子"重要农产品自给率继续位居全国大城市前列，水稻、黄瓜、生猪、肉羊等优势种业在全国处于领先地位，高水平举办中国天津种业振兴大会。蓟州区、宝坻区获评全国休闲农业重点县，8 个村镇获评第三批全国乡村旅游重点村镇。同时，农村发展基础更加坚实，提升改造农村公路 300 千米、农村困难群众危房 1000 余户，第二批 150 个农村人居环境整治示范村启动建设。蓟州区、静海区首批 160 个村宅基地制度改革试点稳步推进。天津市以乡村振兴为核心，明确城镇化发展目标与路径，成为新型城镇化包容性发展的新模范。

3. 走环境友好型发展之路

天津市始终贯彻"绿水青山就是金山银山"的发展理念，尤其是蓟州，其作为天津市村庄数量最多的区，是集山、水、林、田、湖、草、湿地于一体的国家级重点生态功能区，也是京津冀生态涵养区和天津重要水源地，全区面积为 1590 平方千米，国家级生态保护红线和天津市永久性保护生态区域面积叠加为 877.7 平方千米，占全区总面积的一半以上。在 2016～2018 年国家重点生态功能区县域生态环境质量监测评价与考核中，蓟州区在国家重点生态功能区 818 个县域中排名第一，空气质量和生态环境状况综合评价指数稳居全市第一，并在 2020 年被授予了"国家生态文明建设示范区"称号（郭丁源，2021）。

4. 优化产业结构，助推新型城镇化建设

天津市大力支持科技创新和新兴产业发展。"十三五"时期，随着新一代超级计算机、大型地震工程模拟研究设施等 10 个国家级重大平台获批建设，国家自主创新示范区、新一代人工智能创新发展试验区建设加快推进，高端 CPU 芯片、自主可控操作系统等核心关键技术成功突破，天津国家高新技术企业、国家科技型中小企业分别超过 7400 家和 8100 家，每万人口发明专利拥有

---

① 参见 2021 年天津市《政府工作报告》。

量 24.03 件，全社会研发投入强度、综合科技创新水平指数居全国前列。与此同时，新兴产业也在加快壮大。智能科技、生物医药、新能源、新材料等新动能加快成长，并形成了涵盖芯片、操作系统、整机终端、应用软件等全产业体系的信创产业，为天津市新型城镇化发展贡献了科技创新的力量。

5. 以人为本，关注民生福祉，促进新型城镇化包容性发展

天津市坚持每年实施 20 项民心工程，通过实施稳就业"32 条"、应对疫情保就业"76 条"等政策措施，促进高校毕业生、退役军人、农民工等重点群体就业，推出 24 条居民增收措施，促进群众收入协调增长。天津市统计局数据显示，2020 年天津市老人家食堂达到 1591 个、日间照料中心（站）1157 个、养老机构 367 家、养老床位 7.6 万张，新建、改扩建幼儿园 672 所，新增学位 16 万个，学前教育三年毛入园率达到 92.3%，有效缓解了"一老一小"问题。同时，天津市不忘对退伍军人的关心，成立了各级关爱退役军人协会，登门入户常态化、制度化，截至 2020 年，全国示范型退役军人服务中心（站）达到 263 个，3 个获评全国"百家红色退役军人服务站"，成为退役军人家门口的"暖心驿站"。养老、工伤、失业和城乡居民基本医疗等保险待遇标准也在进一步提高，为天津市民营造了良好的生产生活环境。

三、珠三角模式——产业聚集带动人口聚集模式

珠江三角洲既是地理区域也是经济区域，位于中国广东省中南部，是广东省平原面积最大的地区。明清时期称为广州府，是广府文化的核心地带和兴盛之地，包括广州、佛山、肇庆、深圳、东莞、惠州、珠海、中山、江门九个城市。珠江三角洲的总面积为 55368.7 平方千米，虽不到广东省国土面积的 1/3，但却集聚了全省 53.35% 的人口、79.67% 的经济总量。2021 年，珠江三角洲 9 个城市的经济总量合计达 100585.26 亿元。其中，深圳、广州的 GDP 总量分别为 30664.85 亿元、28231.97 亿元，佛山、东莞分别为 12156.54 亿元、10855.35 亿元，增速方面以肇庆市最高，为 10.5%，惠州市紧随其后，增速为 10.1%。2015 年 1 月 26 日，世界银行公布的报告显示，珠江三角洲已在 2010 年超越日本东京，成为人口和面积最大的城市群。如今，珠江三角洲在国家战略的推动下，正携手香港、澳门两个特别行政区建设粤港澳大湾区，成为与美国纽约湾区、旧金山湾区和日本东京湾区比肩的世界四大湾区之一。珠江三角洲拥有具有全球影响力的先进制造业基地和现代服务业基地，是中国参与经济全球化的主体区域，全国科技创新与技术研发基地，全国经济发展的重

要引擎，南方对外开放的门户，辐射带动华南、华中和西南发展的龙头，中国人口集聚最多、创新能力最强、综合实力最强的三大城市群之一，有"南海明珠"之称，不仅是我国改革开放的先行地区，而且也是我国重要的经济中心区域，在全国经济社会发展和改革开放大局中具有突出的带动作用和举足轻重的战略地位。

纵观珠江三角洲的城镇化发展路径可以发现，该地区城镇化发展的动力源于农村经济的发展，乡村企业的发展推动了人口、产业集聚，同步推进工业化与城镇化进程，同时城镇化的进一步发展衍生出众多的城市群，而各个城市群的协同发展又带动了城镇周边乡村的发展，进而推动了城乡一体化。此外，国家政策惠及珠江三角洲地区，吸引了大量外商前来投资，外商携带大量外资注入该地区，为该地区的城镇化发展提供了新的资源。总之，珠江三角洲地区城镇化包容性发展有着不同于其他内陆城市的、独特的模式。

1. 发展外向型经济

珠江三角洲地区经济最重要的特点就是外向型。1985 年，珠江三角洲地区成为沿海经济开放区，开始接受海外先进的技术、经营管理方式和资金，这为珠江三角洲地区创造了大量的发展机会。珠江三角洲地区的生产总值约一半是通过国际贸易实现的，外贸出口总额占全国的 10% 以上。该地区有临近港、澳，面向东南亚，侨乡，多优良海港和劳动力丰富等优势，再加上国家制定的相关优惠政策，使这里成为吸引外商投资和外企落户的宝地。同时，该地区快速发展的经济，创造了大量的就业岗位，吸引了大量省外人员前来工作，提高了该地区的常住人口城镇化率，也为当地带来了巨大的经济收益。目前，珠江三角洲地区已经成为我国经济增长较快、富生机活力的地区之一，是我国重要的商品农业基地、轻工业基地、外贸出口基地。

2. 产业多元化发展

珠江三角洲地区的产业结构已经基本实现了从传统农业到工业化，再到产业多元化发展的转变，目前该地区已经是世界知名的加工制造和出口基地，世界产业转移的首选地区，初步形成了以电子信息、家电等为主的企业群和产业群。珠江三角洲聚集了广东省重要科技资源，以发展高技术产业为主，如新一代信息技术、高端装备制造、新材料、新能源、生物医药等先进制造业（黄晓亮，2021），不仅是全省高新技术产业的主要研发基地，也是全国规模最大的高新技术产业带，更是国内乃至国际重要的高新技术产业生产基地。2015 年 9 月 29 日，珠三角国家自主创新示范区正式获得国务院批复，8 个国家高新技术产业开发区落户珠三角地区，力争把珠三角建设成为中国开放创新先行区、转型升级引领区、协同创新示范区、创新创业生态区，打造成为国际一流的创新创业中心。珠江三角洲地区的高新产业发展较好，这对该地区的城镇化发展有较大的促进作用。

3. 城乡融合发展，在发展城镇的同时不忽视乡村的发展

在乡村振兴和大湾区建设的背景下，《珠海市实施乡村振兴战略规划（2018—2022年）》《珠海市深入推进"千村示范、万村整治"工程的行动方案》《斗门区创建全国乡村振兴示范区工作方案》等一系列政策相继出台。以珠海市农村最多的行政区——斗门区为例，在市、区两级政府的共同努力下，累计投入 20 多亿元，截至 2020 年，已经基本完成 113 个适宜农村人居的环境整治，国家生态区以及乡村旅游示范区等示范村达到 59 个，省级新农村示范片区 1 个，市级新农村示范片区 3 个（林家乐，2020）。同时，斗门区依托该地的地理位置优势，利用粤港澳大湾区休闲旅游发展衍生旅游项目，成为粤港澳大湾区休闲旅游目的地。斗门区的发展模式正在逐步推广到珠江三角洲的其他地区。

4. 现代服务业吸纳就业水平高

高度发达的现代服务业为珠三角城镇化发展提供了就业岗位。2019 年，珠三角生产性服务业就业人数为 8095819 人，其中，广州市就业占 48.68%，深圳市占 18.39%，佛山市占 9.77%，江门市占 5.11%，其余城市占 18.05%。其中，广州的生产性服务业企业数占广州服务企业总数的 86.89%；深圳的生产性服务业企业数占深圳服务企业总数的 86.02%；东莞的生产性服务业企业数占东莞服务企业总数的 83.97%。由此可见，在珠三角地区，有相当多的一部分城市的生产性服务业仍处于发展态势较好的水平，由于生产性服务业提供了巨量优质就业岗位，是推动珠三角城镇化的关键动力。

四、苏南模式——小城镇发展模式

苏南是对江苏省南部地区的简称，地处中国东南沿海长江三角洲中心，东靠上海，西连安徽，南接浙江，北依长江（苏中、苏北）和东海，是江苏经济最发达的区域，也是中国经济较发达、现代化程度较高的区域之一。苏南地区包括南京、苏州、无锡、常州、镇江，总面积为 27872 平方千米，占江苏省国土总面积的 27.17%，拥有广袤的太湖平原，水网密集，长江东西横贯境内，常住人口 3378.09 万（2019 年）。苏南的城镇化发展有力推动了区域经济发展，尤其是使县、镇工业成为整个区域经济的支柱。江苏省统计局公布的数据显示，2010~2019年苏南地区的生产总值从25270.58亿元增加到56646.45亿元，增长了约1.24倍。城镇经济迅猛发展，为苏南现代化奠定了坚实的基础；乡镇企业的加速发展，提供了充足的工作岗位，吸纳了大量的农村剩余劳动力。2019年苏南地区人均GDP突破15万元，接近发达国家水平；城镇化率超过70%。

苏南地区一般通过自筹资金开展以乡镇企业为主体的非农业生产活动，逐步实现了农村人口职业的转化，并通过小城镇的扩张发展推进农村地区的城镇化，属于典型的小城镇发展模式（黄庆华等，2016）①，具体特征如下：

1. 分阶段推进

在城镇化发展的初级阶段，扶持一批乡镇企业发展壮大，逐步实现农村工业化，就地推进城镇化。城镇化发展到一定程度后，主要依托各类开发区建设，带动农村推动型城镇化向外资拉动型城镇化转变。改革开放以来，苏南地区的城镇化发展进程可分为以下三个阶段（赵青宇和崔曙平，2013）②：一是以非农化为主要形式的城镇化发展阶段（1978年~20世纪90年代初）。苏南村社自力更生兴办起各类工业企业，形成"村村点火、户户冒烟"的农村工业化浪潮。1980~1987年，苏锡常地区乡镇企业就业人数年均递增14.65个百分点，从115.21万人增至300.03万人。二是以小城镇发展为中心的城镇化阶段（20世纪90年代中期至2001年）。苏南地区积极发挥区域优势，大力发展外向型经济，依托各级各类开发区，调整产业结构，推动小城镇在新形势下发展。三是以县城发展为主导的城镇化发展阶段（2002年至今）。在外向型经济快速发展的背景下，县城以园区为载体，凭借土地、劳动力资源优势和灵活的政策环境，获得了快速的发展。

2. 依托乡镇企业创造一批工业和人口重镇

苏南地区集体经济的实力比较雄厚，乡镇企业快速发展，提供了充足的工作岗位，吸纳了大量的农村剩余劳动力。众多的乡镇企业不仅成为当地农村劳动力就业的主要渠道，同时也吸引了大量外来从业者，苏州和无锡等经济发达地区的一些城镇，外来人口数量甚至接近城镇总人口的一半，而建制镇则以承纳本地农村转移人口为主，成为就地城镇化的主力。异地城镇化和就地城镇化

① 黄庆华，周志波，陈丽华. 新型城镇化发展模式研究：基于国际比较［J］. 宏观经济研究，2016（12）：59-66.

② 赵青宇，崔曙平. 苏南城镇化模式的反思与完善［J］. 城市建设，2013（7）：66-68.

是城镇化发展的两种方式，本身并无优劣之分。从世界城镇化发展历程来看，异地城镇化是世界各国包括中国城镇化发展的主要方式。而事实上，"就地城镇化"一直是苏南模式的重要组成部分。苏南地区就地城镇化的成功，得益于其紧邻上海，具有工业化、市场化、现代化和外向型经济的先发优势和交通区位优势，人口与城镇密集度高以及农业经济发达。从城镇化发展路径来看，以就地城镇化为主体，就地城镇化与异地城镇化协调发展，是苏南地区城镇化的重要特色。

3. 以人为本

农村、农业和农民为城镇化做出了较大的牺牲，苏南地区在推进城镇化的过程中十分注重工业反哺农业，以乡镇企业带动农业的产业化、现代化发展，提升农村居民生活水平，逐步完善农村居民社会保障制度。例如，江苏以"六整治、六提升"为主要内容的环境综合整治和设施配套建设，以全面提升乡村人居环境质量，改善人民生活。这无疑是一项得民心、惠民生的重大民生工程。

4. 大中小城市协调发展

近年来，基于城镇化的快速推进，很多地区的建设偏重于大城市，小城镇的基础公共服务设施建设相对薄弱。但苏南的城镇化发展立足于县、镇，使小城镇逐步成为整个城镇居民系统中的重要节点和联结城乡的纽带，并与大中城市构成更为科学合理的空间体系，形成了大中小城市协调发展的城镇空间体系，促进了苏南地区的健康发展。

五、温州模式——市场主导型发展模式

温州地处我国华东地区、浙江东南部、瓯江下游南岸，东濒东海、南毗福建省、西及西北部与丽水相连、北和东北部与台州接壤，是长江三角洲中心区27城之一。全市共辖4个市辖区、5个县，代管3个县级市，陆地面积为12110平方千米，海域面积为8649平方千米。2012~2021年，温州市的生产总值从3669.18亿元增加到7585亿元，增长了约1.07倍；2021年末，全市常住人口为964.5万人，与2020年末常住人口958.7万人相比，增加了5.8万人。在全市常住人口中，城镇人口为701.8万人，农村人口为262.7万人，城镇化率（城镇人口占总人口的比重）为72.8%，与2020年相比，上升了0.6

个百分点。①

温州个体经济非常发达，利用其有利的地理优势，在改革开放初期就开始推进城镇化建设，目前小城镇呈现蓬勃发展的局面。温州城镇化模式有以下特点：

1. 城镇化与工业化同步推进

乡村工业和乡镇企业的发展是城镇化的主要动力，不仅形成了比较集中的产业集群，还不断吸引人口由乡村向城镇集中，使城镇化水平持续上升。改革开放以来，温州农村发生了一系列深刻的变化。其中，最重要的变化就是农村工业化、城镇化步伐明显加快，小城镇蓬勃发展。温州农村经济快速发展的实践经验表明，农村工业化、城镇化是农村经济发展的强大动力源。要改变农村经济的落后面貌，就必须推进农村工业化，而农村工业化又必须以城镇为载体。

2. 市场机制与政府调控相结合

温州市的城镇化之所以能得到快速发展，得益于其坚持走市场主导型的城镇化道路，即不依赖于国家投资，通过改革的办法引入市场机制引导先富起来的农民进城务工经商，依靠农民自身的力量多渠道筹措建设资金，解决了城镇发展中的人口集聚、建设资金和经济发展三大问题。温州的城镇化建设坚持"谁投资，谁受益"和"谁受益，谁投资"的原则，具体做法是把基础设施部分商品化，从公益型开发供给转向经营型生产供给了形成了"以路养路，以桥养桥，以电养电，以水养水"的自我积累、自我平衡、自我补偿的新机制（任柏强，2005）②。

3. 土地有偿使用

早在 20 世纪 80 年代初，温州市就在全国率先实行了土地有偿使用制度的改革。各地小城镇的土地流转和置换制度因此而逐步形成和发育，土地要素同其他要素合理组合并产生了较好的综合效益，为小城镇开发建设提供了大量资金，推进了城镇基础设施建设和旧城改造。例如，龙港镇把土地作为商品来经营，按地段分为不同等级，设置级差地租，以收取市政设施费的形式进行土地有偿出让。温州市通过土地流转和置换，进一步调整了小城镇的生产布局和产业结构，提高了相关产业的聚集度，形成了强劲的综合经济功能，从而有力地推进了经济增长。其显著特征是涌现出了一批综合实力较强、发展速度较快的经济强镇，形成区域关联度较高的沿海、沿江、沿路"三沿"强镇带。

---

① 数据来自《2021 年温州市人口主要数据公报》。
② 任柏强. 温州模式与温州城镇化之路 [J]. 学习与探索，2005（1）：186-188.

4. 户籍制度改革

早在 20 世纪 80 年代初，温州市就鼓励农民自理口粮进城，自建住宅落户，自办企业发展，成功地走出了一条依靠农民自身力量建设城镇的新路子。例如，温州市的龙港镇，允许并鼓励务工、经商、办服务业的农民自理口粮到集镇落户。这一政策打开了城乡分割封闭体系结构的一个缺口，硬化了几十年的城乡二元结构开始软化，农民以极大的热情涌进小城镇，农村小城镇人口剧增。20 世纪 90 年代中期，温州市又进一步深化户籍制度改革，凡在小城镇具有合法、稳定身份的非农职业农民或已有稳定的生活来源，具有合法固定的住所、农业户口、自理口粮户口以及其他类型户口的农民，统一按程序登记为常住户口，即城镇居民户口。这一政策打破了地域和籍贯的界限，从法律上为务工经商者、产业投资者、专业技术人才落户小城镇提供了政策保障，可以说是我国户籍制度改革的一次飞跃性成果。

5. 发展以专业市场为基础的专业镇

20 世纪 80 年代以后，伴随着温州经济体制和经济结构的转型，温州各地相继出现了各具特色的专业市场，逐步形成了以同类产业区域性集聚为特征的"块状经济"格局，区域内部产生了相对集中的产业集群，以及在产业集群的基础上发展起来的专业型城镇，即专业镇。它是温州城乡经济发展的重要空间和增长极，已成为温州地区重要的经济支柱和提高区域竞争力的不竭源泉；它是具有鲜明区域经济特色的群体规模经济，是温州民营经济的重要特征。这种内生动力型专业镇，是依靠温州本地企业家从"一镇一业""一村一品"以及大型集散型专业市场或市场群落演变而来的，成为产业集聚、人口集中和城镇化协同推进的重要诱导力量（许经勇，2007）。

第三节　国内外推进城镇化包容性发展实践的经验总结

一、国内外城镇化发展模式的比较

在上述模式中，西欧模式的突出问题是城市化进程中欠缺成果分享机制；美国模式的突出问题是资源耗费较高、成本增加较快，这种模式在城市化初期效果较好，但耗费问题在城市化后期限制了城市化的进一步发展；拉美模式总体上是被动的，过度城市化问题较为严重。另外，国外城镇化和我国城镇化的基准定位差异明显，国外的城镇化往往围绕大都市的建立进行，我国的城镇化则是在现实条件下追求中小城镇的高效发展。国内现有的成都模式、天津模式、珠三角模式、苏南模式和温州模式虽取得了一定的成果，但在包容性发展方面仍有欠缺，存在城乡发展差异、区域间不协调等问题，我国应该在新型城镇化发展中更加注重包容性发展，创建具有中国特色的新型城镇化包容性发展模式。

二、国内外推进城镇化包容性发展实践的经验启示

1. 正确处理市场与政府的关系

应加快政府职能和角色的转变，既要强调市场机制的作用，又要注重政府的引导作用，通过规划引导城镇化健康有效高质量发展。

2. 多元主体共同参与城镇化建设

城镇化建设并非政府层层下压后的"被动城镇化"，并非强制推行就能实现的。要有效防止"被动城镇化"的发生，城乡各个相关群体应按照自身需求，参与到城镇化建设当中，共同推进城镇化进程。

3. 因地制宜确定城镇化发展模式

政府应当立足于资源、环境、人口、产业等发展条件，因地制宜地把控城镇化发展的规模与速度，制定符合可持续发展目标的城镇化建设政策。政府应当积极引导城乡人口有序流动，防止出现超过城市承载能力的"过度城镇化"。

4. 推动城乡融合发展

缩小城乡收入差距、以城市资源要素带动乡村发展是发达国家城镇化的重要经验。推动城镇化进程的同时应加快农业农村现代化进程，促进城乡要素自由流动，提高农业资源利用效率，推动一二三产业深入融合。

5. 形成完善的城镇体系

完善的城镇体系保证了城市群和城市圈经济的健康发展，有利于产业的系统化布局和建设，也有利于资源的合理流动和优化配置，进而有利于城镇化的健康和可持续发展。

6. 加强空间利用、自然环境保护

推进城镇化建设，必须坚持资源节约利用，优化生产、生活、生态三者的空间布局，促进人口、产业、环境协同集聚，构建资源节约型、环境友好型生态城市。

第八章

我国新型城镇化包容性发展
制度创新、模式选择与保障措施

新型城镇化包容性发展是 21 世纪我国国民经济发展的重大战略部署。当前我国新型城镇化发展迅速，但同时也存在一些不包容问题，应基于新发展格局梳理我国新型城镇化包容性发展思路。建议我国建立包含经济、社会、文化、生态四方面的包容性发展制度，构建市场调配、政府监管、社会参与的多维发展体系，形成包含总体模式、实施模式和保障模式"三位一体"的包容性发展创新模式，重点实施城乡融合发展工程、农民市民化工程、转变城市管理理念、城镇化包容性发展水平考评等保障措施，以有效提高我国新型城镇化包容性发展水平。

第一节　新发展格局下我国新型城镇化
包容性发展思路

一、发展背景

党的十九届五中全会明确提出，加快构建以国内大循环为主体、国内国际双循环相互促进的新发展格局，不断提高贯彻新发展理念、构建新发展格局能力和水平，为实现高质量发展提供根本保证。习近平总书记一系列重要讲话对"构建新发展格局"进行了深刻阐释，有利于我们正确理解、把握、构建新发展格局。而新型城镇化建设自党的十八大正式提出后，已成为各方关注的焦点。城镇化作为中国全面建设小康社会的重要载体，蕴含撬动内需的巨大潜力，这与新发展格局中关于培育完整的内需体系，提高内需在总需求中的比重内容不谋而合。此外，在新发展格局下，增加居民收入，提高居民收入在国民收入分配格局中的比重；加强科技自立自强，提高自主可控技术比重；坚持扩大开放，提高内外循环畅通性等重点任务，与新型城镇化建设的目标也殊途同归。包容性理念是在总结中外经济社会发展经验教训的基础上提出来的，是指坚持统筹兼顾、综合平衡，关键是要正确处理发展中的重大关系，即城镇化与工业化、农业现代化等经济结构关系（齐凯君，2016）。新型城镇化包容性发展作为21世纪我国国民经济发展的重大战略部署，将在未来很长一段时期对我国经济发展发挥积极促进作用。

二、新型城镇化包容性发展的历史逻辑

城镇化是指农村人口不断向城镇聚集的过程，城镇化水平是衡量一个国家或地区现代化发展的重要指标。自2012年党的十八大提出新型城镇化战略以来，中共中央就深入推进新型城镇化作出了一系列重大决策和战略部署。新型城镇化是未来中国经济发展的引擎，是现代化的必由之路，中国高歌猛进的城镇化，是人类历史上规模最大、最复杂的人口迁徙潮。包容性发展是新型城镇化发展的核心方向，是我国经济发展方式转变的基本内涵，是包含经济增长、城乡发展、结构优化、产业合理、环境友好、分配公平在内的一种发展理念（杨飞虎和王晓艺，2020）。包容性理念强调新型城镇化与工业化、农业现代化的包容性发展，政府与市场协调推进，城镇化外延扩张和质量提升有机结合，实现供给与需求协调发力，拓宽发展空间，激发发展潜力。新型城镇化是推动城乡、区域协调发展的有力支撑，是扩大内需和促进产业升级的重要抓手，对构建社会主义和谐社会具有重大现实意义和深远历史意义。基于此，新型城镇化的包容性发展主要集中于以下方面。

第一，工业化与城镇化包容性发展。新中国成立后至改革开放前，中国工业化和城镇化发展存在着发展不平衡、不协调的问题，表现为工业化单向突进，城镇化相对滞后。这一时期工业化在国家的现代化战略中占据了主体地位，使在1949年后的40年里，工业从业人口增长了7倍以上，而城市人口却只增长了约3倍，出现了工业化和城镇化发展不平衡的问题。改革开放后，随着限制农村劳动力转移的制度和政策的松动，以及乡镇企业的异军突起，农村剩余劳动力开始了"进厂不进城，离土不离乡"式的转移，小城镇也进入了快速发展阶段。1990年后，随着城市经济体制改革的全面展开，乡镇企业面临的宏观和微观经

济环境开始发生变化，市场竞争力降低、经济效益下降，小城镇也由于内生动力不足，发展势头有所减弱。大中城市的私营企业、沿海城镇的"三资"企业吸引了大批农民，逐渐形成了大中小城市和小城镇全面推进的发展格局，充分体现了工业化对城镇化发展的基础性意义。2012年，党的十八大提出推动工业化和城镇化良性互动。2013年12月，中央城镇化工作会议指出"城镇化与工业化一道，是现代化的两大引擎"，工业化与城镇化的发展应该实现两者双驱动，政府应进一步健全和完善推进两者包容性发展的体制机制，将产业结构的升级与城镇化的发展有机结合，实现工业化在包容性城镇化发展中的支撑作用。

第二，农业现代化与城镇化包容性发展。农业现代化是国家现代化的基础和支撑，农村生产力的发展和农村生产关系的变革对农业剩余劳动力转移的规模与速度具有决定性影响，农业现代化是实现农村劳动力顺利转移和城镇化健康发展的前提条件。新中国成立后国家优先发展重工业，农业对工业、乡村对城市做出了巨大的贡献，从而影响了城镇化进程。改革开放后，我国进入城镇化的快速发展时期，城镇化率从1978年的17.92%发展到2021年的64.72%。但是，城镇化并没有与农村现代化统筹发展、齐头并进，城市对农村的"虹吸"效应大于"辐射"作用，造成农村空心化。党的十八大提出的新型城镇化建设有力地促进了农民增收、农村进步和农业现代化，只有在工业化和城镇化的背景下，现代农业才能更好地发展。新型城镇化包容性发展要求城乡求同存异、"和而不同"，既要增强两者的整体性和协调性，又要体现两者的差异性和互补性。包容性发展的关键是乡村和城市享有平等的公共服务，使人无论是在城市还是在乡村都能获得发展，在城乡之间择善而从。此外，包容性发展还意味着城市有城市的品质，乡村有乡村的风貌，新型城镇化是让居民望得见山、看得见水、记得住乡愁的城镇化，是发展城市文明和传承乡土文化兼具、优势互补、各得其所的城镇化。

第三，"有为政府+协调发展"视角下的包容性。根据政府与市场的关系，中国城镇化进程可以分为两个阶段，分别是政府主导型城镇化阶段和市场主导、政府引导的新型城镇化阶段。政府主导型城镇化是指政府通过相关的法律法规、制度安排引导和调控城镇化发展。中国是一个外源后发型现代化国家，中央政府是现代化的推动者、领导者与实施者，用计划和行政手段影响着城镇化的规模与速度，城镇化的发展被打上人为烙印。政府主导型的城镇化调动了有限的资源进行工业化建设，但是也遏制了农民在迁移和流动中的主体性，市场的作用表现得十分微弱。随着党的十一届三中全会的召开，计划经济向社会主义市场经济转轨，城镇化的主导力量和动力机制也逐渐发生了变化：从"自上而上"的政府主导型向"自下而上"的模式转变，逐渐形成市场主导、政府引导、社会参与的新型城镇化模式。在回顾、总结历史经验的基础上，笔者认为为了更积极稳妥地推进新型城镇化，可以在基础设施、公共工程与公共服务领域，实行政府与非政府主体合作共赢的 PPP（Public-Private Partnership）模式，调动全社会的资源和力量，减轻无差别的社会福利和社会保障给地方政府带来的财政压力，形成市场主导、政府引导、社会参与的相互协调、相互促进的新型城镇化格局，加快城乡之间土地、资金、人口要素的流动，实现资源的合理化配置。

第四，"共同富裕"视角下的包容性。2021 年 7 月，习近平总书记在庆祝中国共产党成立 100 周年大会上向世界庄严宣告，我们在中华大地上全面建成了小康社会。小康社会全面建成之后，实现共同富裕成为下一阶段要完成的任务。中国共产党对共同富裕已经进行了前所未有的理论创新和实践探索，使共同富裕的实现有了坚实的基础。党的十九届五中全会首次将"全体人民共同富裕取得更为明显的实质性进展"作为远景目标列入党的文件，共同富裕成为继续推动中国人民不懈奋斗的动力源泉。共同富裕是全体人民的共同富裕，建立在全面建成小康社会的基础上，相比小康社会而言物质财富更加丰富，人们收入差距不大，社会发展全面，个人的自由而全面发展有了更加坚实的保障，体现了"以人为本的"包容性发展理念。包容性发展理念强调发展内容的全面协调、发展方式的可持续性、发展过程的公平与公正、发展成果的利益共享。共同富裕具有社会整体富裕、公平正义彰显、收入分配合理、民生保障健全、个人发展全面五个方面的特征，与包容性发展内涵的协调发展、机会均等、利益共享等理念不谋而合。因此，在一定程度上，共同富裕是对包容性发展理念的具体实践，而包容性理念又为共同富裕的实现提供了理论基础。

三、新发展格局与新型城镇化包容性发展

新型城镇化包容性发展既是对城镇化发展经验的总结与提升，也是对新发展格局要求的实践。当前，我国发展不平衡不充分问题仍然突出，创新能力不适应高质量发展要求，地区差距、城乡差距、收入差距较大，生态环境保护任重道远，民生保障和社会治理还有不少短板、弱项。这些短板、弱项不仅会影响我国经济的健康持续发展，也会进一步阻碍新型城镇化发展。我们必须树牢系统观念和包容性发展理念，坚持目标导向和问题导向，统筹处理当前和长

远、自主和开放、政府和市场、全局和局部、发展和安全等重大关系，打通堵点、补齐短板、畅通循环，不断提高发展质量。

新发展格局的关键突破点在于牢牢抓住扩大内需，畅通生产、分配、消费、流通等国内大循环的重要领域，关键发力点在于不断增强创新驱动力，加快产业基础高级化和产业链现代化进程，牢牢嵌入全球产业链循环。发挥新型城镇化对新发展格局战略支撑作用，需要抓住扩大内需和产业链的创新性、开放性与稳定性这两个关键。通过科学推进新型城镇化的进程和布局，发挥城市规模经济、创新经济、消费经济载体的作用，则可以更好地激活不同区域的比较优势，优化经济空间布局，更好地发挥新型城镇化对新发展格局的战略支撑作用。当前，城市群已经成为新型城镇化发展的主体形态，下一步应逐步构建完善中心城市带动城市群，城市群带动区域发展的体制机制，加快构建新型城镇化、城乡融合、区域协调三大政策体系的协同机制，更好地发挥新型城镇化对双循环新发展格局的战略支撑作用（马庆斌和陈妍，2020）。为更好地发挥新型城镇化对新发展格局的战略支撑作用，笔者提出如下建议：

第一，从经济角度出发，要把中西部地区作为我国新增中等消费群体的重要阵地。在双循环新发展格局下，要抓住扩大内需这个关键。目前，我国有大约4亿中等收入群体，未来一段时期，新的中等收入群体的增长潜力在中西部。目前，在东部、东北地区就业的进城务工人员减少，在中西部地区就业的进城务工人员持续快速增加。这意味着，只要中西部地区把产业转移和转型升级结合起来，把新型城镇化和新型工业化结合起来，中西部地区就将成为我国新的中等收入群体增长的重要区域。我国未来中等消费群体的新增空间在中西部地区和县城等中小城市，要在发挥城市群主体地位的同时，引导城镇化的重心向西向下，即"中西部化"和"中小城市化"。同时，要加快培育区域性活力中心城市，实现发展中循环和循环中发展的良性支撑。

第二，从社会角度出发，持续加强不同等级城市的有效组合。完善城市群、都市圈、城市带建设，从空间结构优化着手，解决大城市病，提高都市圈、城市群的空间利用效率。基于中心城市及城市群尺度，从创新治理、产业治理、公共治理和空间治理等多维度提升城市综合承载及资源优化配置能力，优化城市群规模体系，加快大城市与中小城市、城市与乡村的良性循环，建立起跨行政隶属关系的大尺度协同关系。加快推进城乡融合，健全城乡双向要素流动机制，建立完善农村土地流转交易、工商资本引流入乡、多渠道城乡财政金融服务等体制机制。优化城乡教育资源配置，加强乡村医疗卫生服务体系建设，健全农村养老服务网络，构建城乡统一的社会保险和社会救助体系，推动城乡公共服务一体化；逐步建立城乡一体化的基础设施发展机制，推进城市轨道交通、市政供水供气向城郊村延伸，加快实现各区乡镇村道路联通。

第三，从文化角度出发，关注城市文化培育。通过制度引导城市居民参与富含家国情怀、集体精神、地方文化的各类活动，进而逐步建立一套居民理解、认同和喜爱的城市文化供给体系，以提升大众审美为出发点，强调先进文化的导向作用，强化城市文化符号，增强城市居民的文化自信。同时，推进保留特色风貌的差别化城市建设。高度重视城市自然、人文景观的保护，加强对特色地标、文化产业园的建设及对传统历史街区的修复和限制性开发，留住城市空间中的传统、乡愁和记忆，提高居民对城市的归属感与认同感。

第四，从生态角度出发，完善城市生态品质治理。集中合力治理城市空气、水体、土壤污染，改善城市建设用地结构，适度增加绿地建设面积，一手抓污染源头控制，调整能源结构，提高能源使用效率；一手抓生态修复，逐步还原城市绿色基底，提升生态系统功能（刘秉镰等，2021）。从宏观（城市群）、中观（城市）和微观（市中心区）三个空间尺度，重点突破城市群生态环境协同会诊的一体化调控、智能化监控和精细化修复的关键技术瓶颈，为把城镇由生态环境问题集中区转为可持续发展区提供全面的技术解决方案。进一步优化城镇生态—生产—生活空间，实现城市群生态空间山清水秀、生产空间集约高效、生活空间宜居舒适，把城镇建成经济社会高质量发展和生态环境高水平保护的重点区和典范区。结合美丽中国建设，对全国各大城镇开展美丽中国建设进程评估，在把城镇建成国家发展最富强地区的同时，建成全国最美的地区。将国家经济建设、社会建设和生态建设落实到具有不同主体功能的城镇国土空间上，建成空气清新、水体洁净、土壤安全、生态良好、人居整洁的美丽城镇（方创琳，2021）。

第二节　新型城镇化包容性发展的创新制度设计

一、制度创新的原则和目标

在推进新型城镇化包容性发展进程中应该坚持三个制度创新原则：一是兼

顾公平和效率原则。制度创新本质上是一种帕累托改进，新型城镇化包容性发展制度创新既要让人民享受到改革发展的红利、维护弱势群体的合法权利，又要合理配置城镇各种生产要素，使其在政治、经济、社会、文化及生态中发挥出最大的作用，因此要坚持兼顾公平和效率的原则。二是坚持有序推进原则。新型城镇化包容性发展战略的实施不可能一蹴而就，需要在政府规制下有序推进，应该遵循先行试点、由点到面、稳步推进的建设思路。在试点建设中，应该让典型区域先行试点，试点成功后再谨慎向更大区域推广实施，最终构建一套体系完善、重点突出的制度创新体系。三是坚持成果共享原则。新型城镇化包容性发展的核心要义是让普通基层民众享受到战略实施的制度红利，因此应该在充分调动基层人民群众创新积极性的基础上拓宽创新渠道，让改革成果惠及更多民众。

新型城镇化包容性发展制度创新的总体目标是通过改进现有制度提高新型城镇化的效率，让基层民众共享福利，从而提高我国经济发展的实力。为实现该目标，新型城镇化包容性发展的制度创新既要改变现有不利于包容性发展的部分制度，又要构建有利于推进包容性发展的制度。另外，新型城镇化包容性发展进程中还会涌现新需求，需要针对不同发展阶段的新需求制定差异化发展策略，建立起与发展需求相符的包容性制度体系。具体而言，一方面应该优化城镇多元化要素的配置，着力培育出具有自身特色的城镇元素，从而树立中国城镇化的道路自信和制度自信；另一方面应该进一步激发改革开放的发展潜力，保证底层民众与精英群体享受同等的社会地位和发展机遇，平等享受新型城镇化包容性发展带来的制度红利。

二、制度创新的着力点

我国新型城镇化包容性发展的制度应该从经济制度、社会制度、生态制度和文化制度四个维度积极创新。

在包容性经济制度创新方面，我国应该在土地制度、财政制度和金融制度三个方面改进设计与包容性发展相匹配的经济制度。我国应该进一步强调以人为本的核心思路，将城镇空间扩张和人口扩张有效结合起来，使得城镇用地的增加和城镇居民的集聚统一于新型城镇化进程。

首先，在土地制度创新方面，我国应该坚持公开、透明、公平、民主等基本原则，进一步提高土地产权保护力度，合理界定各产权主体的权利、义务关系，进一步提高土地流转市场化程度，将农村宅基地使用流转及农村集体建设用地使用制度化和常态化，并在此基础上构建城乡建设用地的替代挂钩机制。推进农村土地股份制改革，允许农民以土地入股，完善土地置换机制，加快土地流转进度。

其次，在财政制度创新方面，我国需要进一步协调中央和地方的财权事权分配体系，稳健提升地方政府财政实力，同时努力构建公共产品由中央地方财政分担的框架，稳步提升城镇化包容性发展中的公共支出比重，最终实现公共服务均等化目标。具体而言，推进城镇保障房建设，将进城务工人员家庭纳入保障范围，对其租住房屋给予一定的货币化补贴；增加财政社保支出，支持进城务工人员参加医疗、失业和养老保险；加大财政教育投入，保障进城务工人员适龄子女享有城镇提供的义务教育服务；重点解决进城农民的就业问题，加大对进城农民的人力资本投入，对其进行能力培训，提高其生存技能；对自主创业的失地农民、劳动力就业培训机构、吸纳进城务工人员就业的中小企业给予财政补贴。

最后，在金融制度创新方面，我国应该有效利用金融发展对新型城镇化的促进作用，利用金融产品创新机制创造性地提升新型城镇化的发展活力，最终构建出覆盖面广、适用性强、创新度高的城乡金融服务体系。改革国有金融机构的管理体制，建立公司治理体系，推行整体改制，在继续支持国有大型金融机构的同时，积极发展民营银行、保险公司，鼓励各类金融机构实行惠农政策，为农业发展提供资金支持。发挥金融财政的调节作用，引导产业结构调整，推动农业发展。改革金融机构的资金供给体制，推动宏观经济良性发展。拓宽融资渠道，多方筹措城市发展资金。

在包容性社会制度创新方面，我国应该对制约包容性发展的户籍制度、社保制度和住房制度予以改进或重新设计。首先，在户籍制度改革方面，我国应该分阶段逐步改革现行户籍制度，逐步取消中小城镇的户口准入限制，并逐渐降低乃至消除户籍制度带来的附加价值，最终，实现以身份证认证为主的人口制度。其次，我国应该进一步整合现存农村社会保障制度，进一步将农村养老、医疗和社会福利结合起来，建立广泛覆盖的、全国通行的、服务良好的社保体系。我国应该建立公平合理的社会保障体系，制定完善的社会保障规划，加速推进城乡之间养老、医疗等资源和要素的流动，建立城乡合作机制，合理布局农村养老、医疗等服务设施，维护农民享有社会保障的基本权利，缩小城乡差距、区域差距。最后，我国城镇化住房政策的分割性较强，导致住房分配效率性不高。在新型城镇化包容性发展中，我国应该在满足民众最基本的住房需求的基础上引入完善的市场调控机制，构建商业性和政策性共存的住房信贷体系。

在包容性生态制度创新方面，我国应该坚定不移地推进城乡可持续包容性发展战略。当前大规模高速度的城镇化发展会加快我国资源消耗和环境污染，这与城乡包容性发展的初衷相悖。新型城镇化包容性发展应是可持续的城镇化，要以生态文明的理念为引领，坚持"城镇化与生态环境协调发展"基本理念，构建绿色产业体系，促进新型城镇化绿色、低碳、可持续发展，大力推进城镇生态文明建设，实现人与自然的和谐相处。我国应该在新型城镇化发展中构建绿色发展的制度、机制，进一步加强对环境和资源的保护力度，坚持源头治理的发展思路，从而提高绿色产业的效能。具体而言，生态现代化和城镇智慧化是包容性生态制度创新的两个主要方面，即我国应该努力实现生态管理的现代化发展模式，逐步推进新型城镇化的智慧型发展模式，最终实现新型城镇化的可持续包容性发展。在生态现代化方面，应坚持环境友好可持续原则，将"金山银山"和"绿水青山"统一在城镇化包容性发展中。在城镇智慧化方面，应积极将数字技术应用到新型城镇化建设中，为数字产业和城镇化进程协调发展提供政策支持。

在包容性文化制度创新方面，我国应以文化整合和文化创新为主要抓手，稳步推进文化建设。新型城镇化包容性发展文化制度创新的目标是构建科学的文化共识平台，突出中国元素和中国影响力。要正确认识和处理传统文化与现代文明之间的关系，实现传统文化与现代文明的有效融合，利用现代科学技术创新和丰富传统文化表现形式，增强传统文化的感染力，提升文化产品的科技含量和经济附加值，促进传统文化的发展，使文化保持生机和活力，并借助我国民众文化自觉和文化自信的内生动力，营造出具有中国特色的包容性公共文化环境。

第三节　新型城镇化包容性发展的模式选择

人口众多、城乡发展和产业发展不平衡使我国发展面临极大的特殊性，难以照搬别国经验，需要依托中国情境探索城市化发展道路。根据当前我国新型城镇化包容性发展中的问题和诉求，笔者认为我国应该在有效进行制度创新的基础上构建包含总体模式、实施模式和保障模式在内的"三位一体"的发展模式。

一、总体模式——包含市场调配、政府监管和社会参与的多维发展模式

我国新型城镇化包容性发展的总体模式应该是包含市场调配、政府监管和社会参与的多维发展模式。在过去的40多年里，我国通过在全国各地设立经济开发区、改造老城区和建设新城区、城市临近县改区等方式推进城镇化，在此进程中政府起到了主导规划统筹布局的总体功能，市场起到了有效融资、资源调配的主要功能。这种由政府和市场相互配合形成的城镇化发展模式在具体的经济实践中产生了较强的经济推动力和影响力。但是，该进程缺乏社会力量和民间资本力量的广泛参与，缺乏足够的专业化市场调研，缺乏对城镇化总体效益的专业评估，缺乏对农村可持续发展的良性规划。近年来，随着党的十八届三中全会提出的"允许社会资本通过特许经营等方式参与城市基础设施投资和运营"这一政策的落实，新型城镇化建设的PPP模式在我国快速发展起来，民间资本大规模进入新型城镇化领域，为我国新型城镇化建设做出了突出贡献。因此，本书认为我国推进新型城镇化包容性发展，一方面应该继续坚持当前政府统筹规划布局、市场进行资源调配的基本态势，合理利用政府和市场的双重力量推进城乡包容性发展；另一方面应该逐渐修正传统的、缺乏多方参与的城镇化发展模式，积极引入民间力量和中介力量，科学分析城镇化问题，有效预测和应对城镇化发展带来的短期负面冲击，构建新型城镇化包容性发展成果共享、责任共担的机制。

二、多角度、复合型的有序发展实施模式

我国新型城镇化包容性发展应该构建多角度、复合型的有序发展实施模式。我国的新型城镇化与西方国家的城镇化进程不同，新型城镇化的本质是城乡一体化和城乡包容性发展，空间上凸显出城乡人口、产业规划和城市设施的同步包容发展，具有典型的中国特色。为有效推进该进程，我国应该坚持多角度发展、复合型发展和有序发展，具体体现在以下四个方面：

第一，我国新型城镇化包容性发展应该是全域范围的总体发展，不是某个区域的局部发展，也不存在只发展某一区域而放弃其他区域的问题，发展过程可能有先后之分，发展速度可能有快慢之别，但最终都是全域的整体发展。

第二，多角度、复合型发展要求发展是去极化的，即不能长期存在当前城镇化发展中的极化现象。极化现象是城镇化进程当中的必然现象，极化效应促进区域产生经济增长点，促进资源集聚，但也带来人口膨胀、交通拥堵、环境恶化等问题。我国新型城镇化包容性发展必定是去极化的，实现从"极化效应"向"涓滴效应"过渡。

第三，多角度、复合型发展要求城乡统筹发展，不能只发展城镇不发展农村。我国应该积极构建城乡一体化的发展制度和模式，并配套相应的保障措施，加快推进农村城镇化，以增强农业吸引力，促进乡村振兴，推进城乡融合。另外，县城及中心镇是县域经济发展的增长极，要着力发展县城及中心镇，助力县域经济，实现城乡融合发展（方创琳，2021）。

第四，发展应该是有序的，而不是杂乱无章的，我国新型城镇化包容性发展遵循循序渐进的基本路径，是在科学布局规划的基础上，兼顾城乡融合发展和区域差异特征的有序发展。

三、责任清晰、权责匹配的保障模式

为了顺利推进新型城镇化包容性发展，我国应该构建责任清晰、权责匹配的保障模式。

第一，在理论和思想上进一步明确政府和市场的关系，为总体模式的顺利推进提供保障。我国应该正确处理政府与市场的关系，坚持市场在资源配置中的决定性作用，同时由政府统筹规划，出台推进城镇化发展的政策，投资建设城市基础设施与服务设施。

第二，构建责任追究制度。新型城镇化发展是一项长期的系统工程，涉及各级政府、企业、金融机构、民众等主体的多维动态博弈，如果没有构建权责匹配、审慎问责的保障制度，将对城镇化建设产生不利的影响。权责匹配、审慎问责的制度至少应包含以下三个方面的内容：一是进一步明确地方政府在新型城镇化建设中的阶段性目标和中长期使命；二是从全国层面制定新型城镇化发展成果的评估办法，在指标设计上突出定量指标，并对某些关键指标（如环保性指标）设置较高的权重，必要时可设置单项核心指标的"一票否决权"；三是如果没有完成预期计划性任务，则在系统分析其客观原因的基础上对相关部门审慎问责（任碧云和郭猛，2021）。

第三，在吸收多方力量参与城镇化建设时，以有效的制度保障参与者的切身利益。民间资本的陆续引入会加快城镇化的发展，但是在发展进程中政府需

要制定相关的制度来保障这些参与者的切身利益。政府可从以下三个方面入手：一是激励模式再造。坚持正向激励与反向约束并重，明晰正向奖励标准的同时划清反向约束的底线，及时公布资源使用的评估结果，并将其与土地、税收和资金等方面的优惠相关联，更好地鼓励先进、鞭策落后。二是激励范围再造。打造地区互联、城镇互通、城乡统筹的区域一体化资源利用格局，构建物质与精神奖励相结合、内部与外部奖励相融合的激励标准体系，将政府、市场和社会其他主体纳入激励范围之中，不断扩大激励的地域范围、要素范围和主体范围。三是激励方案再造。围绕新型城镇化高质量发展的核心要求，加快制定融城市人口落户、建设用地增加和资金奖励发放为一体的配套激励方案，指导和督促各地用好用足各项激励措施，以完备合理、具体有效的方案设计实现人口、土地和资金等方面资源的系统整合，充分释放新型城镇化发展的内生性动力（南大伟，2016）。

第四节　新型城镇化包容性发展的保障措施

在上述"三位一体"模式的引领下，笔者认为我国新型城镇化包容性发展的保障措施，分别是推进"产城融合"、推动农民市民化、转变城市管理理念、实施新型城镇化包容性发展水平考核。前两个措施主要是解决目前城镇化发展中的重点问题，第三个措施主要是解决理念上的问题，最后一个措施主要是解决考评和修正发展路径的问题。

第一，我国应该加快推进"产城融合"，以产业发展带动城镇化，建设一批高质量的"产业新城"。产业新城是在城市主城区外以产业发展为依托，以高聚集产业为引领构建的以产业发展带动城市包容发展的重要实践路径。我国应该继续以固安产业新城、嘉善高铁新城为样本，在全国范围内积极推动产业发展和城镇化包容性发展的深度融合，最终实现城镇化包容性发展和产业转型升级的战略目标。同时，要改变经济增长方式，以产业内涵和产城联动建设推动新型城镇化发展。未来，产业结构的协调发展并不仅仅表现为产业的比例变化，而应突出表现为产业结构协调发展的内涵优化。通过提高生产效率来促进经济增长，走内涵式、集约型经济发展道路；积极构建环境友好型的生态产业体系，发展以低能耗、低污染、低排放为基础的经济模式，提高能源利用率。

提升产业价值，以产业链组织本地化生产网络，以产业链延伸为纽带，引导大型企业根植于本地生产网络体系中，带动本地小企业升级调整，完善产业结构，推动区域整体产业组织结构的良性转变。依据区域优势和特色，实现农业产业的优质高效经营。农业产业化经营依据区域资源优势和特色，涉及种植业、养殖业、高科技农业和休闲观光农业等。通过建设新型农村社区和土地流转，实现农村土地集中经营，产业规模化发展。推动生产要素在农村和城市之间合理流动，优化资源配置形成高效农业园区，培育龙头产业，带动区域经济连片发展。同时，注重产业间的集聚创新。在产业引进和发展过程中，注重整体产业链的引入和培育，加大产业之间的关联与协同；引导产业空间集聚，延伸产业链条，促进产业创新提升产业整体竞争力，增强其本地根植性，争取产业集聚效益最大化，更大限度地发挥产业的区域带动效应，实现产城一体、融合发展的区域发展新目标（杨仪青，2013）。

第二，我国应该积极推动农民市民化。农民市民化是新型城镇化包容性发展的首要任务和最大难题。整体而言，保障农民的基本权益始终贯穿于我国农村发展的进程中。由于土地制度改革与城乡一体化土地市场建设滞后，农民不能共享城镇化带来的土地增值收益，同时农村在集体产权制度改革方面相对滞后，而集体经济也存在如产权不清等方面的问题，农民无法共享集体经济发展收益。在市场经济的大环境下，农民组织化程度不高，导致他们进入产业链方面的能力也相对比较弱（文丰安，2020）。为避免出现拉美国家中城镇化和市民化不同步的现象，推动农民市民化就成为关键。推动农民市民化的核心是保障发展机会的均等性和发展成果的共享性，因此政府应该构建平等的就业制度体系，消除就业歧视，妥善解决农民的城镇就业问题，加强相关职业技能培训同时保障新市民和原有居民的权益相当，健全城镇公共服务体系，确保新市民享受到与原有居民均等的城镇公共服务。

第三，我国应该加快转变城市管理理念。当前的城市管理虽然存在诸多问题，但是只要从包容性视角出发，强调以人为本，把人的需求作为城市管理的出发点和落脚点，强调城市的发展为了将发展的成果惠及所有的城市建设者，许多问题将会自动解决。在"以人为核心"的新型城镇化建设中，农民工进城落户是重中之重，其面临的突出问题是失地安置、生计转型和市民化发展。为推进农民工及其家属在城镇安家落户，新型城镇化发展的配套保障措施应围绕以下两个方面来提供：在失地农民安置和生计转型方面，除现有的现金补贴外，应从失地农民职业技能培训、教育发展、人口良性流动和代际可持续发展角度进行精准制度设计，让失地农民在基本生活有所保障的前提下真正享受到城镇化发展的红利；在推动失地农民市民化方面，应进一步构建覆盖城乡的社会保障体系，扩大社会保险覆盖范围，进一步强化城镇化关联企业的社会保险责任，提升农民社会保险意愿，建立失地农民社会保险补贴基金。此外，应强化民生理念，重视民生问题，完善水电、通信、供热、燃气等基础设施，注重改善城市人居环境，妥善解决热点难点问题；强化民主理念，提升公众参与城市管理的能动性，保障公众的知情权、参与权、监督权；强化品质理念，以生态优先、服务优先为原则，树立绿色生产、生活观念，提升城市服务职能；强化创新理念，创新城市管理理念，树立精细化管理理念，引进大数据、云平台等现代科技技术，提升现代城市的管理水平。

第四，我国应该加快实施新型城镇化包容性发展水平考核，科学构建包容性发展水平评价体系。构建科学的水平评价体系是新型城镇化包容性发展的重要修正机制，我国应该从经济包容性发展、社会包容性发展、文化包容性发展、生态包容性发展四个角度构建科学的水平评价体系，对新型城镇化包容性发展水平进行动态考核，以确保发展模式和路径的科学性。新型城镇化包容性发展进程中政府要改善评估机制以提升评估的科学性，具体可从以下三个方面推动：一是评估标准。彻底扭转不科学、不合理的评价导向，将公正客观的价值性标准与优质高效的事实性标准相结合，始终围绕人民群众满意、高质量发展及高品质生活的核心要求，立足政府治理成果的数字指标和新型城镇化的工作实绩建立具体化、可操作的评估标准。二是评估机构。独立自主的第三方评估机构凭借其专业性、公正性和权威性，成为新型城镇化包容性发展水平评价机制中必不可少的一环。评估机构再造涉及工作资格审查、组织管理规范、专家团队组建、评估能力评价等环节，地方政府需要强化资质审查、固化合作关系。三是评估方法。充分利用大数据、云计算、人工智能的技术优势，有针对性地使用动态化、系统化、规范化的评价方法提升新型城镇化评估的科学性和有效性。

第五节　结论与启示

新型城镇化包容性发展是我国 21 世纪经济发展的重大布局。目前，我国新型城镇化包容性发展取得了较为优良的成果，但是也存在城乡发展不同步、资源分配不均和环境恶化等显著问题。新型城镇化由排斥性演进向包容性发展转变，是社会发展的必然趋势。引入包容性发展理念是避免伪城镇化、半城镇化、空心城镇化等发展陷阱的战略选择，是破除一切排斥性规章制度的新兴利器，是打破行政权力垄断的根本保障。当前，新型城镇化的发展已经逐步从地理迁移的化地不化人转向社会迁移的化地又化人，面对改革开放40多年来改革红利的日渐式微，我们必须挖掘城镇化发展的新动力。而建立以包容性制度创新为导向的新型城镇化制度体系，是推动新型城镇化合理有序、科学理性发展的基本前提、动力源泉和有力保障（曾智洪，2017）。为提高新型城镇化包容性发展的总体效率，我国应该进一步完善经济制度、社会制度、文化制度和生态制度等制度体系，并在此基础上采取市场调配、政府监管和社会参与等多维发展模式，同时构建多角度、复合型的实施模式和权责明确的保障模式，采取推进"产城融合"、推动农民市民化、转变城市管理理念、实施新型城镇化包容性发展水平考核等保障措施，只有这样才能在未来的城镇化进程中取得新突破。

另外，需要强调的是新型城镇化要始终坚持以人为本。以人为本的发展思想关系到我国未来经济社会发展的方向，具有重要的社会意义。以人为本的新型城镇化是我国高质量发展道路在城乡协同发展方面的体现，不仅追求城镇化率的提高，也注重城乡社会福利的均等化、城乡社会功能的明确化。新型城镇化不是要消灭农村户籍和农村生产方式，而是要在推动农村地区经济社会发展的过程中，提升农村居民的社会福利水平，满足其高级发展需求，更注重人的内在精神、思想与价值观的转变，使其从物质、文化到价值观等全方位新市民化，提高城镇化居民的幸福感（王明华，2021）。

值得指出的是，城镇化是社会经济发展到一定阶段必然出现的进程，我国新型城镇化具有鲜明的中国特色，面临的挑战和风险具有特殊性，不能因为追求城镇化的快速发展而忽略了发展质量。各地区政府在发展城镇化时要密切关注发展质量，并将质量提升作为实现小康社会的关键指标。基于此，我国应该设计合理的水平评价体系对新型城镇化包容性发展水平进行监控和评估，并及时修正可能出现的误差。与此同时，在中央的统一部署下，各地区要结合当地的历史人文情况因地制宜地推进城镇化，这样我国范围内的多维复合型城镇化发展模式将获得较好的成绩，进而推动新型城镇化高效、包容和可持续发展。

参考文献

[1] Bai X, Chen J, Shi P. Landscape Urbanization and Economic Growth in China: Positive Feedbacks and Sustainability Dilemmas [J]. Environmental Science & Technology, 2012, 46 (1): 132-139.

[2] Baron R M, Kenny D A. The Moderator-mediator Variable Distinction in Social Psychological Research: Conceptual, Strategic, and Statistical Considerations [J]. Journal of Personality and Social Psychology, 1986 (51): 1173-1182.

[3] Barro R J. Government Spending in a Simple Model of Endogeneous Growth [J]. Journal of Political Economy, 1990, 98 (55): 103-125.

[4] Behname M. FDI Localization, Wage and Urbanization in Central Europe [J]. The Romanian Economic Journal, 2013, 16 (48): 23-36.

[5] Berdegué J A, Carriazo F, Jara B, et al. Cities, Territories, and Inclusive Growth: Unraveling Urban-rural Linkages in Chile, Colombia, and Mexico [J]. World Development, 2015, 73: 56-71.

[6] Bertinelli L, Zou B. Does Urbanization Foster Human Capital Accumulation? [J]. The Journal of Developing Areas, 2008, 41 (2): 171-184.

[7] Bhattacharya S, Patro S A, Rathi S. Creating Inclusive Cities: A Review of Indicators for Measuring Sustainability for Urban Infrastructure in India [J]. Environment and Urbanization Asia, 2016, 7 (2): 214-233.

[8] Bjørnskov C, Dreher A, Fischer J A V. The bigger the better? Evidence of the effect of government size on life satisfaction around the world [J]. Public Choice, 2007, 130 (3): 267-292.

[9] Carson C S. Foreign Direct Investment Trends and Statistics [J]. International Monetary Fund, 2003 (50): 1-15.

［10］ Chen M, Ye C, Lu D, et al. Cognition and Construction of the Theoretical Connotations of New Urbanization with Chinese Characteristics ［J］. Journal of Geographical Sciences, 2019, 29 (10): 1681-1698.

［11］ Clark D. Interdependent Urbanization in an Urban World: an Historical Overview ［J］. The Geographical Journal, 1998, 164 (1): 85-95.

［12］ Dahlberg M, Eklöf M, Fredriksson P, et al. Estimating Preferences for Local Public Services Using Migration Data ［J］. Urban Studies, 2012, 49 (2): 319-336.

［13］ Day K M. Interprovincial migration and local public goods ［J］. The Canadian Journal of Economics, 1992, 25 (1): 123-144.

［14］ Herber J. Disponiblecn http://www. nytimes. com/1981/03/03/us/rural-areas-end-trend-surpass-cities-in-grawth. html, 1981.

［15］ Evans P, Karras G. Is Government Capital Productive? Evidence from a Panel of Seven Countries ［J］. Journal of Macroeconomics, 1994, 16 (2): 271-279.

［16］ Freire M, Hoornweg D, Slack E, et al. Inclusive Growth in Cities: Challenges & Opportunities ［M］. 2016. CAF. Retrieled from http://scioteca. caf. com.

［17］ Friedmann J. The World City Hypothesis ［J］. World Cities in A World System, 1995: 317-331.

［18］ Galor O, Zeira J. Income Distribution and Macroeconomics ［J］. The Review of Economic Studies, 1993, 60 (1): 35-52.

［19］ Gonzalez-Paramo J M, Martinez D. Convergence across Spanish Regions: New Evidence on the Effects of Public Investment ［J］. Review of Regional Studies, 2003, 33 (2): 184-205.

［20］ Gottmann J. Megalopolis or the Urbanization of the Northeastern Seaboard ［J］. Economic Geography, 1957, 33 (3): 189-200.

［21］ Gücker B, Silva R C S, Graeber D, et al. Urbanization and Agriculture Increase Exports and Differentially Alter Elemental Stoichiometry of Dissolved Organic Matter (DOM) from Tropical Catchments ［J］. Science of Total Environment, 2016, 550 (4): 785-779.

［22］ Hansen C J, Harder H, Sørensen M T. Rethinking and Rebuilding Urban

Development [J]. Tidsskrift for Kortlægning og Arealforvaltning, 2011, 119 (46): 8.

[23] Hein S. Trade Strategy and the Dependency Hypothesis: A Comparison of Policy, Foreign Investment and Economic Growth in Latin American and East Asia [J]. Economic Development and Cultural Change, 1992, 40 (3): 495-521.

[24] Hermelin B. The Urbanization and Suburbanization of the Service Economy: Producer Services and Specialization in Stockholm [J]. Geografiska Annaler: Series B, Human Geography, 2007, 89 (1): 59-74.

[25] Holtz - Eakin D. Public - Sector Capital and the Productivity Puzzle [J]. The Review of Economics and Statistics, 1992, 76 (1): 12-21.

[26] Hu W Y, Wang R. Which Chinese Cities Are More Inclusive and Why? [J]. Cities, 2019, 86: 51-61.

[27] Kelly T. Public Investment and Growth: Testing the Non-linearity Hypothesis [J]. International Review of Applied Economics, 1997, 11 (2): 249-262.

[28] Kentor J. Structural Determinants of Peripheral Urbanization: The Effects of International Dependence [J]. American Sociological Review, 1981, 46 (2): 201-211.

[29] Kotakorpi K, Laamanen J P. Welfare State and Life Satisfaction: Evidence from Public Health Care [J]. Economica, 2010, 77 (307): 565-583.

[30] Kuznets S. Quantitative Aspects of the Economic Growth of Nations: II. Industrial Distribution of National Product and Labor Force [J]. Economic development and cultural change, 1957, 5 (S4): 1-111.

[31] LeSage J, Pace R K. Introduction to Spatial Econometrics [M]. BocaRaton: Chapman and Hall/CRC, 2009.

[32] Malhotra S. Population Health through Inclusive Urban Planning: Healthier Communities and Sustainable Urban Development in Indian Cities [J]. Sustainable Development Law & Policy, 2010 , 11 (1): 51-57.

[33] Mallach A. State Government and Urban Revitalization: How States Can Foster Stronger, More Inclusive Cities [R]. Working Paper Wp17AM1, 2017.

[34] Mc Granahan G, Schensul D, Singh G. Inclusive Urbanization: Can the 2030 Agenda be Delivered without It? [J]. Environment and Urbanization, 2016, 28 (1): 13-34.

［35］McKinley T. Inclusive Growth Criteria and Indicators: An Inclusive Growth Index for Diagnosis of Country Progress ［R］. Asian Development Bank Working Paper, 2010.

［36］Michael C, Jin Z, Zhu Y. The New Rural Labor Mobility in China: Causes and Implications ［J］. Journal of Socio-Economics, 2000, 29 (1): 39-56.

［37］Morais P, Camanho A S. Evaluation of Performance of European Cities with the Aim to Promote Quality of Life Improvements ［J］. Omega, 2010, 39 (4): 398-409.

［38］Nagy R C, Lockaby B G. Urbanization in the Southeastern United States: Socioeconomic Forces and Ecological Responses along an Urban - rural Gradient ［J］. Urban Ecosystems, 2011, 14 (1): 71-86.

［39］Northam R M. Urban Geography ［M］. New York: John Wiley & Sons, 1975.

［40］OECD Benchmark Definition of Foreign Direct Investment 2008: Fourth edition ［M］. Paris: OECD, 2009.

［41］Pereira A M. Public Investment and Private Sector Performance: International Evidence ［J］. Public Finance & Management, 2001, 1 (2): 261-277.

［42］Petrović N, Bojović N, Petrović J. Appraisal of Urbanization and Traffic on Environmental Quality ［J］. Journal of CO_2 Utilization, 2016, 16: 428-430.

［43］Pizarro R E, Wei L, Banerjee T. Agencies of Globalization and Third World Urban Form: A Review ［J］. Journal of Planning Literature, 2003, 18 (2): 111-130.

［44］Qadeer M A. Urbanization by Implosion ［J］. Habitat International, 2004, 28 (1): 1-12.

［45］Rostow W W. Politics and Stage of Growth ［M］. Cambridge: Cambridge Books, 1971.

［46］Serageldin M. Inclusive Cities and Access to Land, Housing, and Services in Developing Countries ［M］. Washington DC: The World Bank, 2016.

［47］Shahbaz M, Loganathan N, Muzaffar A T, et al. How Urbanization Affects CO_2 Emissions in Malaysia? The Application of STIRPAT Model ［J］. Renewable & Sustainable Energy Reviews, 2016, 57: 83-93.

［48］Shioji E. Public Capital and Economic Growth: A Convergence Approach

［J］. Journal of Economic Growth，2001，6（3）：205-227.

［49］ Sorensen M. How Smart is Smart Money? An Empirical Two-sided Matching Model of Venture Capital ［J］. Unpublished working paper. University of Chicago，2004.

［50］ Suryanarayana M H. Inclusive Growth：What is So Exclusive about ［J］. Economic and Political Weekly，2008，43（43）：93-101.

［51］ Tiebout C M. A Pure Theory of Local Expenditures ［J］. Journal of Political Economy，1956，64（5）：416-424.

［52］ Timberlake M，Kentor J. Economic Dependence，Overurbanization，and Economic Growth：A study of Less Developed Countries ［J］. Sociological Quarterly，1983，24（4）：489-507.

［53］ Trullen J，Galletto V. Inclusive Growth from an Urban Perspective：A challenge for the Metropolis of the 21st Century ［J］. European Planning Studies，2018，26（10）：1901-1919.

［54］ Udall A. Urbanization and Rural Labor Supply：A Historical Study of Bogotá，Colombia since 1920 ［J］. Studies In Comparative International Development，1980，15（3）：70-83.

［55］ Uzonwanne M C，Iregbenu P C，Ezenekwe R. Sustainable Development in Nigeria and the Problem of Urbanization and Unemployment ［J］. Australian Journal of Business and Management Research，2015，4（10）：1-8.

［56］ Veneri P，Murtin F. Where Is Inclusive Growth Happening? Mapping Multi-dimensional Living Standards in OECD Regions ［R］. OECD Statistics Working Papers，2016.

［57］ Wagner A. Finanzwissenschaft ［M］//Musgrave R A，Peacock A T. Classics in the Theory of Public Finance London：Macmillan，1958.

［58］ Watada J，Xu B. An Alternative Measure of Chinese Urbanization ［C］// Apolloni B，Howlett R J，Jain L. Knowledge-Based Intelligent Infornation and Engineering systems，2007.

［59］ Wirth L. Urbanism as a Way of Life ［J］. American Journal of Sociology，1938，44（1）：1-24.

［60］ 2019 年新型城镇化建设重点任务明确 ［EB/OL］. 中国政府网，http：//www. gov. cn/xinwen/2019-04-09/content_5380627. htm，2019-04-08.

［61］埃比尼泽·霍华德. 明日的田园城市 ［M］. 金经元，译. 北京：商务印书馆，2010.

［62］茶世凯. 论城乡包容性增长的路径选择 ［J］. 山东财政学院学报，2012（1）：116-120.

［63］常亚轻，黄健元，龚志冬. 长江经济带包容性城镇化发展区域差异研究 ［J］. 南通大学学报（社会科学版），2020，36（5）：32-40.

［64］陈继勇，盛杨怿. 外国直接投资与我国产业结构调整的实证研究：基于资本供给和知识溢出的视角 ［J］. 国际贸易问题，2009（1）：94-100.

［65］陈君武. 城镇化推进中包容性发展的制度创新 ［J］. 文史博览（理论），2011（3）：57-59.

［66］陈丽华，张卫国. 中国新型城镇化包容性发展的路径选择：基于城镇化的国际经验比较与启示 ［J］. 世界农业，2015（8）：189-194.

［67］陈秋玲，祝影，叶明确，石灵云. 城市包容性发展与中国新型城市化 ［J］. 南京理工大学学报（社会科学版），2012，25（5）：17-24.

［68］程开明，段存章. FDI 与中国城市化关联机理及动态分析 ［J］. 经济地理，2010，30（1）：99-103，109.

［69］丛海彬，段巍，吴福象. 新型城镇化中的产城融合及其福利效应 ［J］. 中国工业经济，2017（11）：62-80.

［70］丛茂昆，张明斗. 内生型城镇化：新型城镇化的模式选择 ［J］. 南京农业大学学报（社会科学版），2016，16（3）：30-36，157.

［71］单卓然，黄亚平. "新型城镇化"概念内涵、目标内容、规划策略及认知误区解析 ［J］. 城市规划学刊，2013（2）：16-22.

［72］丁肇勇. 中国公共投资运行体制改革研究 ［D］. 长春：吉林大学，2004.

［73］窦孟朔，窦建爽. 新时代的民生内涵与建设路径 ［J］. 科学社会主义，2018（5）：59-64.

［74］方创琳. 新发展格局下的中国城市群与都市圈建设 ［J］. 经济地理，2021，41（4）：1-7.

［75］高宝华. 英、德城镇化发展经验及其对我国的启示 ［J］. 商业经济研究，2017（15）：187-189.

［76］高传胜. 论包容性发展的理论内核 ［J］. 南京大学学报（哲学·人文科学·社会科学版），2012，49（1）：32-39，158-159.

［77］高和荣 . 民生的内涵及意蕴［J］. 厦门大学学报（哲学社会科学版），2019（4）：96-103.

［78］高珮义 . 中外城市化比较研究（增订版）［M］. 天津：南开大学出版社，2004.

［79］龚新蜀，张洪振，王艳，等 . 产业结构升级、城镇化与城乡收入差距研究［J］. 软科学，2018，32（4）：39-43.

［80］关国才，佟光霁 . 新型城镇化的包容性体系构建及实现路径［J］. 学术交流，2015（12）：118-125.

［81］郭丁源 . 天津蓟州：坚持绿色发展理念，融入新发展格局［N］. 中国经济导报，2021-07-06（008）.

［82］国家发展和改革委员会产业发展研究所美国、巴西城镇化考察团 . 美国、巴西城市化和小城镇发展的经验及启示［J］. 中国农村经济，2004（1）：70-75.

［83］国家新型城镇化规划（2014—2020 年）［EB/OL］. 中国政府网，http：//www. gov. cn/zhengce/2014-03/16/content_2640075. htm，2014-03-16.

［84］韩永辉，黄亮雄，王贤彬 . 产业结构优化升级改进生态效率了吗？［J］. 数量经济技术经济研究，2016，33（4）：40-59.

［85］何景熙 . 包容性发展：中国城市化的导向选择：基于社会系统进化原理的解析［J］. 社会科学，2011（11）：64-72.

［86］贺建风，吴慧 . 科技创新和产业结构升级促进新型城镇化发展了吗？［J］. 当代经济科学，2016，38（5）：59-68，126.

［87］洪扬，陈钊，张泉，李辉 . 中国城市群包容性发展的综合测度及比较：基于我国 18 个城市群的数据分析［J］. 现代城市研究，2021（5）：106-111，125.

［88］侯杰泰，温忠麟，成子娟 . 结构方程模型及其应用［M］. 北京：教育科学出版社，2004.

［89］胡必亮 . 论"六位一体"的新型城镇化道路［N］. 光明日报，2013-06-28（011）.

［90］胡守钧 . 社会共生论［M］. 上海：复旦大学出版社，2012.

［91］黄建欣，宋彦，高文秀，陈燕萍 . 纽约包容性城市规划经验对我国的借鉴［J］. 城市发展研究，2019，26（6）：45-51，86.

［92］黄晓亮 . 高技术产业同构与区域经济增长：基于珠三角地区的空间计

量分析 [J]. 华南师范大学学报 (社会科学版), 2021 (2): 167-176, 208.

[93] 贾林娟. 中国民生型城镇化发展的支撑体系研究 [J]. 新疆财经, 2018 (1): 25-31.

[94] 贾妮莎, 韩永辉. 外商直接投资、对外直接投资与产业结构升级: 基于非参数面板模型的分析 [J]. 经济问题探索, 2018 (2): 142-152.

[95] 简颖欣, 刘娟. 生产性服务业集聚与区域经济增长: 基于珠三角数据的实证分析 [J]. 科技创业月刊, 2021, 34 (12): 48-53.

[96] 蒋长流, 许云帆, 江成涛. 嵌入包容性内涵的新型城镇化创新促进效应分析 [J]. 财会月刊, 2020 (23): 124-133.

[97] 金戈. 中国基础设施资本存量估算 [J]. 经济研究, 2012 (4): 4-14, 100.

[98] 孔翠芳, 王大伟, 张璇, 闫浩楠. 代表性发达国家城镇化历程及启示 [J]. 宏观经济管理, 2021 (11): 39-48.

[99] 孔华生. 发挥财政职能加强公共投资 [J]. 财政研究, 2001 (5): 69-73.

[100] 孔庆恺. 空间溢出视角下 FDI、技术进步与产业结构升级关系研究 [D]. 贵州: 贵州财经大学, 2021.

[101] 蓝庆新, 陈超凡. 新型城镇化推动产业结构升级了吗?: 基于中国省级面板数据的空间计量研究 [J]. 财经研究, 2013, 39 (12): 57-71.

[102] 李博, 左停. 从 "去农" 向 "融农": 包容性城镇化的实践探析与路径选择: 以京津冀区域 A 镇的城镇化为例 [J]. 现代经济探讨, 2016 (8): 63-67.

[103] 李德刚, 苑德宇. FDI 进入、技术溢出与城市基础设施水平改进 [J]. 国际贸易问题, 2017 (1): 127-138.

[104] 李逢春. 对外直接投资的母国产业升级效应: 来自中国省际面板的实证研究 [J]. 国际贸易问题, 2012 (6): 124-134.

[105] 李辉, 洪扬. 城市群包容性发展: 缘起、内涵及其测度方法 [J]. 甘肃行政学院学报, 2018 (2): 106-113, 128.

[106] 李健盛. 政府公共投资的国际比较及启示 [J]. 经济纵横, 2008 (6): 91-93.

[107] 李先广. 机遇与挑战: 新型城镇化进程中的民生改善 [J]. 决策探索 (下半月), 2014 (7): 35-36.

[108] 李艳，柳士昌．全球价值链背景下外资开放与产业结构升级：一个基于准自然实验的经验研究［J］．中国软科学，2018（8）：165-174.

[109] 李业杰．关于民生概念内涵和外延的确认［J］．山东科技大学学报（社会科学版），2008（2）：22-25.

[110] 李叶妍，王锐．中国城市包容度与流动人口的社会融合［J］．中国人口·资源与环境，2017，27（1）：146-154.

[111] 连玉君，王闻达，叶汝财．Hausman 检验统计量有效性的 Monte Carlo 模拟分析［J］．数理统计与管理，2014，33（5）：830-841.

[112] 林芳兰．新型城镇化进程中民生改善问题研究［J］．科学社会主义，2014（4）：123-125.

[113] 林家乐．乡村振兴与粤港澳大湾区建设背景下珠海斗门区美丽乡村建设模式与路径研究［J］．商业经济，2020（12）：103-105，182.

[114] 林祖华．"民生"本身的概念和多重性特征［J］．当代社科视野，2012（7）：116-117.

[115] 刘秉镰，汪旭，边杨．新发展格局下我国城市高质量发展的理论解析与路径选择［J］．改革，2021（4）：15-23.

[116] 刘秉镰，朱俊丰．新中国 70 年城镇化发展：历程、问题与展望［J］．经济与管理研究，2019，40（11）：3-14.

[117] 刘海云，丁磊．FDI 对中国新型城镇化建设的影响研究［J］．工业技术经济，2018，37（2）：146-155.

[118] 刘建江，易香园，王莹．新时代的产业转型升级：内涵、困难及推进思路［J］．湖南社会科学，2021（5）：67-76.

[119] 刘珊．新型城镇化的评价标准和指标体系研究［D］．合肥：合肥工业大学，2014.

[120] 刘先江．马克思恩格斯城乡融合理论及其在中国的应用与发展［J］．社会主义研究，2013（6）：36-40.

[121] 刘洋．城市化包容性发展的路径设计及战略选择研究［J］．经济与管理，2013（1）：5-9.

[122] 刘耀彬，封亦代．基于巴斯扩散模型的中国新型城市化包容性发展预测［J］．世界科技研究与发展，2016，38（4）：848-854.

[123] 刘耀彬，涂红．中国新型城市化包容性发展的区域差异影响因素分析［J］．地域研究与开发，2015（5）：53-57.

[124] 刘耀彬. 中国新型城市化包容性发展的道路与政策研究 [M]. 北京: 社会科学文献出版社, 2016.

[125] 栾申洲. 对外贸易、外商直接投资与产业结构优化 [J]. 工业技术经济, 2018, 37 (1): 86-92.

[126] 罗必良, 张露. 风险规避与农村城镇化: 重新理解城市化道路模式的选择逻辑 [J]. 人文杂志, 2021 (2): 59-68.

[127] 罗燕, 黄建云, 肖洪未. "包容性" 内涵及其对我国城市规划工作的启示 [J]. 城市发展研究, 2018, 25 (8): 1-6.

[128] 罗知, 万广华, 张勋, 李敬. 兼顾效率与公平的城镇化: 理论模型与中国实证 [J]. 经济研究, 2018, 53 (7): 89-105.

[129] 马庆斌, 陈妍. 发挥新型城镇化对新发展格局的战略支撑作用 [J]. 中国发展观察, 2020 (24): 28-30, 11.

[130] 马生祥. 法国现代化 [M]. 石家庄: 河北人民出版社, 2004.

[131] 马远. 基于包容性发展的城镇化质量测度及系统耦合分析 [J]. 技术经济, 2016, 35 (3): 68-74, 108.

[132] 孟毅芳, 周明生. 改善民生是城镇化首要任务 [J]. 中国房地产业, 2013 (4): 86-89.

[133] 穆瑞章. "十四五" 时期天津城镇化进程中村庄建设思路研究 [J]. 天津经济, 2021 (6): 16-19.

[134] 南大伟. 新型城镇化科学健康发展的影响因素分析 [J]. 经济研究参考, 2016 (53): 89-91.

[135] 聂飞, 刘海云. 工业集聚对中国城市利用外资的影响: 基于城镇化门槛模型的实证研究 [J]. 世界经济研究, 2017 (7): 64-73, 87, 136.

[136] 牛文元. 新型城市化建设: 中国城市社会发展的战略选择 [J]. 中国科学院院刊, 2012, 27 (6): 670-677.

[137] 彭定赟, 陈玮仪. 基于消费差距泰尔指数的收入分配研究 [J]. 中南财经政法大学学报, 2014 (2): 30-37.

[138] 皮特·纽曼. 新帕尔格雷夫法经济学大辞典 [M]. 北京: 法律出版社, 2003.

[139] 齐凯君. 包容性城镇化的历史逻辑与选择 [J]. 河南社会科学, 2016, 24 (6): 51-56.

[140] 任碧云, 郭猛. 我国新型城镇化高质量发展的策略研究 [J]. 经济

纵横，2021（5）：110-116.

[141] 宋连胜，金月华. 论新型城镇化的本质内涵 [J]. 山东社会科学，2016（4）：47-51.

[142] 孙斐，陈静. FDI 与产业结构高级化相关性研究 [J]. 浙江金融，2007（8）：55-56.

[143] 孙红，张乐柱. 美英日三国城镇化路径比较分析 [J]. 亚太经济，2016（3）：86-90.

[144] 孙鸿志. 拉美城镇化及其对我国的启示 [J]. 财贸经济，2007（12）：135-138.

[145] 孙浦阳，武力超. 基于大推动模型分析外商直接投资对城市化进程的影响 [J]. 经济学家，2010（11）：66-74.

[146] 孙洋，李子奈. 一种空间矩阵选取的非嵌套检验方法 [J]. 数量经济技术经济研究，2008（7）：147-159.

[147] 孙叶飞，夏青，周敏. 新型城镇化发展与产业结构变迁的经济增长效应 [J]. 数量经济技术经济研究，2016，33（11）：23-40.

[148] 孙中山. 孙中山选集 [M]. 北京：人民出版社，1981.

[149] 谭艳华，彭程. 基于民生改善的城镇化及质量提升问题探讨 [J]. 铜陵学院学报，2015，14（1）：18-21.

[150] 陶长琪，杨海文. 空间计量模型选择及其模拟分析 [J]. 统计研究，2014，31（8）：88-96.

[151] 田逸飘，张卫国，刘明月. 科技创新与新型城镇化包容性发展耦合协调度测度：基于省级数据的分析 [J]. 城市问题，2017（1）：12-18.

[152] 宛群超，邓峰. FDI、科技创新与中国新型城镇化：基于空间杜宾模型的实证分析 [J]. 华东经济管理，2017，31（10）：103-111.

[153] 万道琴，杨飞虎. 严格界定我国公共投资范围探析 [J]. 江西社会科学，2011，31（7）：73-77.

[154] 王滨. FDI 对新型城镇化的空间溢出效应 [J]. 城市问题，2020（1）：20-32.

[155] 王红娜. 中国政府公共投资的民生效应研究 [D]. 济南：山东大学，2014.

[156] 王可侠. 产业结构调整、工业水平升级与城市化进程 [J]. 经济学家，2012（9）：43-47.

［157］王莉荣．广西城镇化进程中推进包容性增长的路径选择［J］．广西社会科学，2013（12）：32-35．

［158］王明华．人本观念下新型城镇化高质量发展转型研究［J］．农业经济，2021（12）：96-97．

［159］王涛，曹永旭．论产业结构合理化［J］．生产力研究，2009（14）：19-21，203．

［160］王小威．我国公共投资对城镇化的影响分析［D］．南昌：江西财经大学，2015．

［161］王旭．90年代美国城市发展的四大趋势：《城市状况年度报告：2000》述评［J］．美国研究，2001（3）：127-132．

［162］王艳丽，刘欢．FDI对我国城镇化外溢影响的人力资本门槛效应分析［J］．商业研究，2018（4）：18-23．

［163］王兆君，任兴旺．农业产业集群化与城镇化协同度对农业经济增长的关系研究：以山东省为例［J］．农业技术经济，2019（3）：106-118．

［164］王兆阳．民生改善及民生经济的内涵及特征分析［J］．现代经济信息，2018（6）：23．

［165］王振坡，张安琪．我国包容性城市更新发展的实现机制研究［J］．学习与实践，2018（9）：22-30．

［166］王志章，周方影．山区县域新型城镇化包容性发展的路径构建：以重庆市巫山县为例［J］．郑州航空工业管理学院学报，2014，32（1）：1-8．

［167］温忠麟，张雷，侯杰泰，等．中介效应检验程序及其应用［J］．心理学报，2004，36（5）：614-620．

［168］文丰安．乡村振兴战略与新型城镇化建设融合发展：经验、梗阻及新时代方案［J］．东岳论丛，2020，41（5）：70-77．

［169］吴忠民．民生的基本涵义及特征［C］．北京市社会科学界联合会，北京师范大学．2008学术前沿论坛·科学发展：社会秩序与价值建构：纪念改革开放30年论文集（上卷）．北京市社会科学界联合会，2008．

［170］谢天成，施祖麟．中国特色新型城镇化概念、目标与速度研究［J］．经济问题探索，2015（6）：112-117．

［171］徐秋艳，房胜飞，马琳琳．新型城镇化、产业结构升级与中国经济增长：基于空间溢出及门槛效应的实证研究［J］．系统工程理论与实践，2019，39（6）：1407-1418．

［172］亚当·斯密．国民财富的性质和原因的研究（上卷）［M］．北京：商务印书馆，1987．

［173］闫坤，张亚瑛．河北省县域新型城镇化发展路径探析：基于京津冀协同发展的研究视角［J］．领导之友，2017（3）：72-76．

［174］晏朝飞，杨飞虎．中国城镇化包容性发展中的公共投资支持影响研究［J］．经济与管理研究，2018，39（5）：12-23．

［175］晏朝飞．中国城镇公共投资的区域差异与时空演进：2003—2015［J］．江西社会科学，2017，37（6）：74-85．

［176］杨飞虎，王晓艺．我国新型城镇化包容性发展的制度创新与模式选择研究［J］．江西社会科学，2020，40（2）：223-229．

［177］杨飞虎，晏朝飞，熊毅．政府投资、人力资本提升与产业结构升级：基于面板VAR模型的实证分析［J］．经济问题探索，2016（12）：18-25．

［178］杨立勋，姜增明．产业结构与城镇化匹配协调及其效率分析［J］．经济问题探索，2013（10）：34-39．

［179］杨仪青．新型城镇化发展的国外经验和模式及中国的路径选择［J］．农业现代化研究，2013，34（4）：385-389．

［180］于伟，吕晓，宋金平．山东省城镇化包容性发展的时空格局［J］．地理研究，2018，37（2）：319-332．

［181］于伟，赵林．包容性视角下城镇化质量与资源利用的协调性：以中国288个地级以上城市为例［J］．应用生态学报，2018，29（12）：4119-4127．

［182］袁博，刘凤朝．技术创新、FDI与城镇化的动态作用机制研究［J］．经济学家，2014（10）：60-66．

［183］袁翠仙．江西新型城市化指标体系的构建与评价［D］．南昌：江西财经大学，2010．

［184］袁冬梅，信超辉，于斌．FDI推动中国城镇化了吗：基于金融发展视角的门槛效应检验［J］．国际贸易问题，2017（5）：126-138．

［185］曾鹏，吴功亮．FDI影响中国城市群城市化进程的机理探讨：产业结构变迁视角［J］．重庆大学学报（社会科学版），2016，22（1）：7-21．

［186］曾平．中国省域公共投资最优规模研究［D］．南昌：南昌大学，2016．

［187］曾智洪．中国新型城镇化包容性制度创新体系研究［J］．城市发展

研究，2017，24（5）：1-7.

[188] 张冰莹. 基于公共服务均等化理念的政府投资作用及问题研究 [D]. 杭州：浙江财经学院，2010.

[189] 张丽琴，陈烈. 新型城镇化影响因素的实证研究——以河北省为例 [J]. 中央财经大学学报，2013（12）：84-91

[190] 张林. 中国双向 FDI、金融发展与产业结构优化 [J]. 世界经济研究，2016（10）：111-124，137.

[191] 张明斗，王雅莉. 中国新型城市化道路的包容性发展研究 [J]. 城市发展研究，2012（10）：6-11.

[192] 张明斗. 农民工市民化：新型城镇化包容性发展的一个政策思路 [J]. 农业经济，2015（11）：72-74.

[193] 张宁. 田园城市理论的内涵演变与实践经验 [J]. 现代城市研究，2018（9）：70-76.

[194] 张琴. 国际产业转移对我国产业结构的影响研究：基于 1983-2007 年外商直接投资的实证分析 [J]. 国际贸易问题，2012（4）：137-144.

[195] 张卫国，黄晓兰，郑月龙，汪小钗. 包容性城镇化与产业结构的协调发展评价 [J]. 经济与管理研究，2016，37（2）：28-34.

[196] 张翔，蒋余浩. 广深"双引擎"：珠三角经济生态圈的崛起与升级 [J]. 文化纵横，2021（5）：74-82.

[197] 张许颖. 中央政府和地方政府投资行为博弈分析 [J]. 经济经纬，2007（3）：23-27.

[198] 张雪. 公共投资在新型城镇化建设中的效率研究 [D]. 长春：吉林大学，2015.

[199] 张艺，何宜庆，陈林心. 华东地区财政金融支持新型城镇化的 SD 仿真预测 [J]. 江西社会科学，2019，39（6）：63-71.

[200] 赵红，张茜. 外商直接投资对中国产业结构影响的实证研究 [J]. 国际贸易问题，2006（8）：82-86.

[201] 赵磊，方成. 中国省际新型城镇化发展水平地区差异及驱动机制 [J]. 数量经济技术经济研究，2019，36（5）：44-64.

[202] 赵黎明，焦珊珊. 我国城镇化质量指标体系构建与测度 [J]. 统计与决策，2015（22）：41-43.

[203] 郑秉文. 拉美城市化的教训与中国城市化的问题："过度城市化"

与"浅度城市化"的比较［J］. 国外理论动态，2011（7）：46-51.

［204］中共中央、国务院印发《乡村振兴战略规划（2018—2022 年）》［EB/OL］. 中国政府网，http：//www. gov. cn/zhengce/2018-09-26/content_5325534. htm，2018-09-26.

［205］中共中央关于制定国民经济和社会发展第十四个五年规划和二〇三五年远景目标的建议［N］. 人民日报，2020-11-04（001）.

［206］中华人民共和国国家统计局. 中国统计年鉴 2020［M］. 北京：中国统计出版社，2020.

［207］周敏倩. 财政投资问题研究［J］. 江海学刊，1996（3）：3-11.

［208］周阳敏. 包容性城镇化、回归式产业转移与区域空间结构优化：以河南省固始县为例［J］. 城市发展研究，2013，20（11）：20-26，74.

［209］周颖刚，蒙莉娜，林雪萍. 城市包容性与劳动力的创业选择：基于流动人口的微观视角［J］. 财贸经济，2020，41（1）：129-144.

后　记

　　本书系国家自然科学基金地区项目"新型城镇化建设中公共投资效率评估及效率提升机制研究"（批准号 71764010）的阶段性成果。感谢国家自然科学基金委员会提供的宝贵的研究机会，自立项以来，本项目组成员本着艰苦卓绝的奋斗精神，以提供高质量研究成果为奋斗目标，不懈努力地完成了此书。本书系项目研究的阶段性成果，部分章节的内容系项目组成员及师生合作的结晶，考虑到项目研究成果的时效性，故将研究中的一些成果出版成书，以期对界内同人有所帮助。

　　在本书即将出版之际，笔者对曾关心和帮助本书出版的各位同人表达深深的谢意。感谢江西财经大学王小平教授、张利国教授、李志强教授、周全林教授、余炳文副教授、裘莹副教授、张鹏博士对本书的不懈指导。感谢江西财经大学博士生王晓艺和硕士生桂杉杉、陈佳丽等的积极参与，王晓艺同学积极参与完成了本书主要章节的写作和编排，桂杉杉和陈佳丽参与了第七章的研究和撰写。王晓艺、桂杉杉、陈佳丽等同学在春节期间仍不辞劳苦地认真研究并检查核对，认真进取的精神令人赞扬。

　　在本书的出版过程中，经济管理出版社的领导和同人提出了非常宝贵的建议，在此深表感谢。

　　本书的写作参考和借鉴了前辈和同行大量的研究成果，在此一并表示感谢！

　　感谢生活，感谢大家！

杨飞虎

2022 年 7 月于南昌